ÉCOLES RÉGIMENTAIRES.

COURS PRÉPARATOIRE

GÉOGRAPHIE.

MINISTÈRE DE LA GUERRE.

ÉCOLES RÉGIMENTAIRES.

COURS PRÉPARATOIRE

GÉOGRAPHIE.

PARIS
Henri CHARLES-LAVAUZELLE
Éditeur militaire
11, Place Saint-André-des-Arts, 11

(Même maison à Limoges.)

ÉCOLES RÉGIMENTAIRES.

COURS PRÉPARATOIRE.

GÉOGRAPHIE.

PREMIÈRE SÉANCE

ÉTUDE DU GLOBE. — DÉFINITIONS.

La terre a la forme d'une sphère aplatie aux extrémités d'un diamètre. Ce diamètre se nomme *axe*.

La Terre tourne autour de son axe en un jour de vingt-quatre heures. Elle est animée, en outre, d'un mouvement de translation autour du Soleil. Elle accomplit cette révolution en une année de 365 jours 6 heures environ.

Les points où l'axe semble percer la Terre sont les ***pôles***; il y a le pôle Nord ou Arctique et le pôle Sud ou Antarctique. Le pôle Nord ou Arctique est ainsi nommé de sa place près d'une constellation appelée *Arctos* ou *Petite-Ourse*. L'étoile Polaire, qui fait partie de la Petite-Ourse, sert à retrouver la direction du pôle Nord.

En se plaçant face à l'étoile Polaire, on a devant soi le Nord ; derrière soi, le Sud ; à sa droite, l'Est (le Levant ou l'Orient, c'est-à-dire le point d'où le soleil semble se lever) ; à sa gauche, l'Ouest (le Couchant ou l'Occident, c'est-à-dire le point où le soleil semble se coucher).

L'*Équateur* est un grand cercle à égale distance des deux pôles ; il divise la Terre en deux parties égales : l'une, au Nord, est l'hémisphère Nord, boréal ou septentrional ; l'autre au Sud, est l'hémisphère Sud, austral ou méridional.

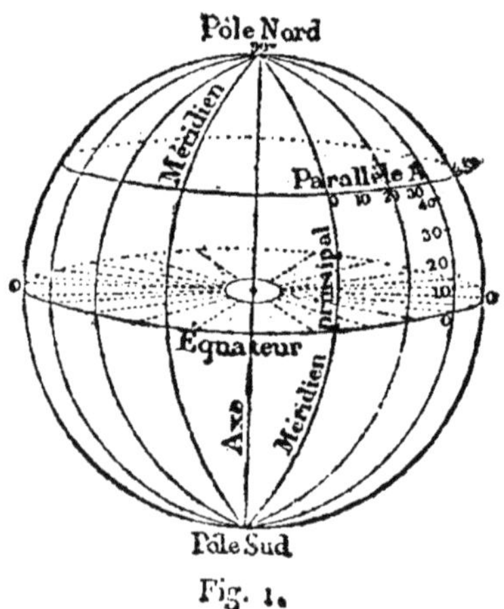

Fig. 1.

Degrés de latitude. — La distance qui sépare l'équateur des pôles a été divisée en 90 degrés de 25 lieues (la lieue étant de 4,444 mètres) : ce sont les *degrés de latitude.* La valeur kilométrique de ces degrés, de l'équateur au pôle, est toujours la même. Chaque degré se divise en 60 minutes, chaque minute en 60 secondes.

Au lieu de la division en degrés, on emploie quelquefois la division en grades ; on compte 100 grades entre l'equateur et le pôle. Le grade se divise en 100 minutes, et la minute en 100 secondes.

Parallèles. — Par chacune de ces divisions on peut faire passer un cercle parallèle à l'équateur ; ces différents cercles se nomment *parallèles*.

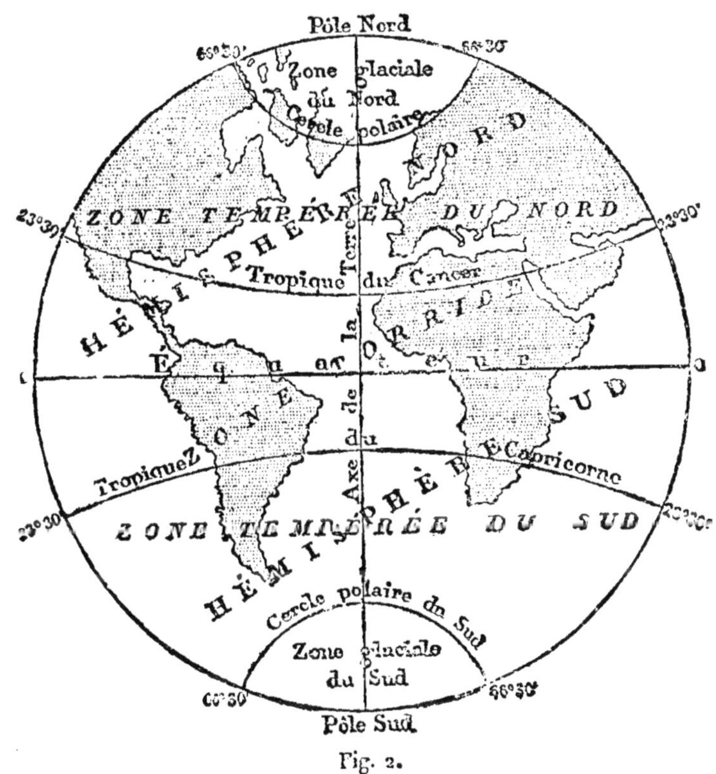

Fig. 2.

Il y a quatre parallèles, qu'on distingue par des noms particuliers ; deux sont les *tropiques*, du Cancer et du Capricorne : le premier au Nord et le second au Sud de l'équateur, dont ils sont distants de 23° 30' (vingt-trois degrés trente minutes); les deux autres sont les *cercles polaires,* arctique et antarctique, aussi éloignés des pôles que les tropiques le sont de l'équateur.

Zones (fig. 2). —Ces parallèles divisent le globe en cinq zones. La zone comprise entre les deux tropiques se nomme *zone torride* ou *brûlante ;* les deux zones qui se trouvent entre les tropiques et les cercles polaires se nomment *zones tempérées ;* celles qui sont au delà des cercles polaires, *zones glaciales.* Cette dénomination provient des différences de température dues à la plus ou moins grande inclinaison des rayons solaires.

Un *méridien* est un cercle qui, passant par les pôles, coupe l'équateur perpendiculairement. Tous les points qui ont midi en même temps sont sur le même méridien.

Degrés de longitude. — Chaque méridien divise le globe en deux hémisphères et chaque hémisphère est partagé en 180 *degrés* ou 200 grades que l'on nomme *degrés* ou *grades de longitude.*

D'un degré à l'autre, il y a une différence horaire de quatre minutes, l'Est étant en avance sur l'Ouest.

Le degré de longitude, qui, à l'équateur, a la même valeur en kilomètres que le degré de latitude, devient d'autant plus petit qu'on se rapproche du pôle, où il arrive à être égal à zéro.

Latitude. — On appelle *latitude d'un lieu* la distance d'un lieu à l'équateur : cette distance est donnée par les degrés ou grades de latitude. Elle est comptée sur le méridien du lieu. La latitude est Nord ou Septentrionale, Sud ou Méridionale, selon l'hémisphère. Ainsi, on dira que le point A est au 45e degré de latitude septentrionale, parce qu'il se trouve sur le parallèle mené à 45 degrés de l'équateur, dans l'hémisphère Nord. (Voir fig. 1.)

Longitude. — On appelle *longitude d'un lieu* la distance de ce lieu à un méridien repère que l'on nomme premier méridien. Ce premier méridien est, pour nous, le méridien de Paris.

Cette distance est comptée en degrés ou en grades de longitude sur le parallèle du lieu. On dit que la longitude est Orientale ou Occidentale selon que le point est à l'Est ou à l'Ouest du méridien principal. Ainsi, on dira que le point A est au 35e degré de longitude orientale, parce qu'il se trouve sur le méridien passant à 35 degrés à l'Est du méridien principal. (Voir fig. 1.)

La latitude et la longitude servent à déterminer exactement la position des lieux.

On donne le nom d'*antipodes* aux habitants de la Terre vivant aux extrémités d'un même diamètre de la sphère terrestre. Par extension on nomme *antipodes* deux lieux diamétralement opposés.

Division des terres et des eaux. On trouve sur la surface de la Terre une partie liquide et une partie solide

La partie liquide comprend près des trois quarts de la surface du globe et porte le nom d'*océan* ou *mer*.

La partie solide constitue la surface des terres ; elle se compose de trois grandes masses de terre, appelées *continents*, et d'autres espaces moins grands, appelés *îles*.

Lorsque les îles sont rapprochées les unes des autres, elles forment des groupes ou *archipels*.

On donne le nom de *côtes* au contour des continents et des îles; ce sont des *grèves* ou des *plages* quand elles sont plates et à découvert; des *falaises* quand elles sont formées de rochers escarpés; des *dunes* quand elles se composent de collines de sable.

L'Océan, en s'enfonçant dans les terres, forme des *golfes* ou des *baies;* si les enfoncements sont de petite étendue, ce sont, selon leurs dimensions, des *anses*, des *rades*, des *ports*, des *havres*.

Un *détroit* est un bras de mer resserré entre deux terres et faisant communiquer deux mers.

On appelle *cap* ou *promontoire* une pointe de terre qui s'avance dans la mer.

Une *presqu'île* est une portion de terre entourée d'eau presque de tous côtés.

L'espace étroit qui rattache une presqu'île au continent se nomme *isthme*.

Les amas d'eau placés au milieu des terres sont des *lacs*, des *étangs*, des *marais* ou des *lagunes*. (Voir Cours de topographie, séance II.)

La surface des terres comprend des *plaines,* que l'on désigne sous les noms de *déserts,* de *landes* ou de *steppes* si elles sont nues et arides; des *hauteurs,* qui sont des *montagnes* ou des *collines* selon leur élévation.

Si les montagnes se relient les unes autres, elles forment une *chaîne*.

On appelle *contrefort* d'une chaine de montagnes les ramifications de cette chaine.

L'ensemble d'une chaine et de ses contreforts s'appelle *massif;* la réunion de plusieurs massifs forme un *système*.

On donne le nom de *versant* à l'ensemble des pentes situées d'un même côté d'une chaîne de montagnes.

On appelle *ligne de faîte* la ligne qui passerait par tous les sommets d'une chaîne de montagnes. La ligne de faite est la *ligne de partage des eaux*.

On nomme *plateau* une étendue de terrain dont la surface, à peu près uniforme, dépasse le niveau général de la contrée.

On nomme *vallées* ou *vallons* les espaces qui s'étendent entre les versants de deux montagnes ou de deux chaînes de montagnes. (Voir COURS DE TOPOGRAPHIE.)

Au milieu de la vallée coule généralement un cours d'eau qui prend le nom de *fleuve* ou de *rivière*, selon le volume d'eau qu'il entraîne et l'endroit où il va se jeter. Les fleuves se jettent directement dans la mer; à leur *embouchure*, ils forment ou un *estuaire* ou un *delta*. (Voir COURS DE TOPOGRAPHIE, séance II.) Les rivières se jettent dans un fleuve ou dans un autre cours d'eau à leur *confluent;* elles sont les *affluents* de ce cours d'eau.

On appelle *bassin d'un fleuve* l'ensemble des versants et des vallées de ce fleuve et de ses affluents.

Les cinq parties du monde. Nous avons vu que la partie solide du globe se composait de trois continents et d'îles; ces continents, auxquels on rattache les îles qui les avoisinent, forment cinq parties du monde.

L'ancien continent forme trois parties: l'*Europe*, l'*Asie*, l'*Afrique*.

Le nouveau, ainsi nommé parce qu'il n'a été découvert qu'en 1492, n'en comprend qu'une : l'*Amérique*.

Enfin, le troisième continent, appelé *Australie*, forme avec de nombreuses iles, la cinquième partie du monde, nommée *Océanie*.

Races. Les trois races principales qui peuplent la Terre sont : la *race jaune*, la *race noire* et la *race blanche*.

La race jaune se trouve dans l'Asie orientale et centrale et dans les iles de l'Océanie.

La race noire habite l'Afrique et la plus grande partie de l'Océanie.

La race blanche ou indo-européenne occupe la moitié occidentale de l'Asie et presque toute l'Europe.

A ces races on peut ajouter la race *cuivrée* ou américaine.

ASIE.

L'Asie occupe la partie orientale de l'ancien continent; c'est la plus vaste région du monde : elle comprend plus d'espace que l'Europe et l'Afrique réunies. Sa population est d'environ 800 millions d'habitants.

Généralités sur l'Asie. L'aspect général de l'Asie présente de très grands contrastes. On y trouve à la fois de vastes plaines, et d'immenses plateaux soutenus par les montagnes les plus hautes du globe On y rencontre au Nord des plaines glacées, au midi des régions tropicales; là ce sont les déserts de l'Arabie, de l'Iran et de la Chine occidentale; là ce sont les contrées les plus riches et les plus peuplées du monde, comme l'Inde et la Chine orientale.

Les nations européennes occupent aujourd'hui une partie de l'Asie méridionale et toute l'Asie septentrionale.

L'Asie orientale, comprenant la Chine et le Japon, qui était restée jusque dans ce siècle isolée de l'Europe, s'est enfin ouverte aux Européens, et le Japon surtout subit une transformation complète qui pourra lui permettre de jouer un rôle décisif en Asie.

Bornes. L'Asie est bornée à l'Ouest par la *mer Rouge* et l'*isthme de Suez,* qui la séparent de l'Afrique, par la *Méditerranée,* l'*Archipel,* la *mer de Marmara,* la *mer Noire,* le *Caucase,* la *mer Caspienne,* le *fleuve Oural,* les *monts Ourals,* qui la séparent de l'Europe : au Nord, par la *mer Glaciale arctique;* à l'Est, par le *détroit de Behring,* qui la sépare de l'Amérique, et le *Grand Océan;* au Sud, par la *mer des Indes* ou *océan Indien.*

Mers. — Golfes. — Iles. — Presqu'îles. — La *mer Glaciale arctique* forme les *golfes de Kara* et *de l'Obi;* on y trouve les *îles de la Nouvelle-Sibérie.* Cette mer est prise par les glaces pendant les trois quarts de l'année.

Le *Grand Océan.* qui communique avec la mer Glaciale par le détroit de Behring, forme les *mers de Behring, d'Okhotsk, du Japon* et *de la Chine;* on y trouve les îles *Kouriles,* l'*archipel Japonais,* les *îles Formose, Hong-Kong, Haï-Nan,* etc., etc.

La *mer des Indes* forme le *golfe du Bengale,* la *mer d'Oman,* le *golfe Persique* et la *mer Rouge,* avec les détroits d'*Ormuz* et de *Bab-el-Mandeb.* On y trouve l'île *Ceylan,* les *Maldives,* les *Laquedives,* etc.

Les grandes presqu'îles baignées par la mer des Indes sont : l'*Indo-Chine,* qui se termine par la presqu'île de Malacca; l'*Hindoustan* et l'*Arabie.*

La *Méditerranée*, l'*Archipel* et la *mer Noire* enferment la *presqu'île d'Asie-Mineure*, dont la côte occidentale présente de nombreuses découpures.

Il y a dans la Méditerranée et l'Archipel de nombreuses iles : *Chypre*, *Rhodes*, etc.

Montagnes. Au centre de l'Asie est un immense plateau désigné sous le nom de *Plateau Central.*

Le talus du Plateau Central est formé : au Sud, par la *chaîne de l'Himalaya*, où se trouvent les cimes les plus élevées du globe ; à l'Ouest, par les *monts Bolor* et le *plateau de Pamir;* au Nord, par les *monts Célestes* et les *monts Altaï;* à l'Est, par les *montagnes de la Chine*, dont une partie sépare les plaines fertiles de la Chine du grand désert de Gobi.

Au Nord du plateau est la *Sibérie;* au Sud-Est, la région montagneuse de l'*Indo-Chine ;* au Sud, l'*Hindoustan ;* au Sud-Ouest, le *plateau d'Iran* ou *de la Perse ;* à l'Ouest, le *Turkestan.*

Les *monts d'Arménie* relient le plateau d'Iran au *plateau de l'Asie-Mineure*, dont le talus méridional est formé par les *montagnes du Taurus*, et qui lance au Sud, sur les côtes de la Méditerranée, la double chaine du *Liban* et de l'*Anti-Liban.*

Sur la limite de l'Europe et de l'Asie se trouve le *Caucase.*

Fleuves. Les principaux fleuves de l'Asie prennent naissance sur le Plateau Central ou descendent des terrasses de ce plateau. Ce sont :

Pour l'Océan Glacial : l'*Obi*, l'*Iénisséi* et la *Léna*, qui coulent en Sibérie ;

Pour le Grand Océan : l'*Amour*, qui arrose la Sibérie et qui se jette dans la mer d'Okhotsk après avoir servi de limite entre la Russie d'Asie et la Chine dans une partie de son cours ; le *fleuve Jaune* (*Hoang-Ho*), le *fleuve Bleu* ou *Kiang* (le plus grand fleuve d'Asie), qui sont les deux principaux cours d'eau de la Chine ; le *Cambodge* ou *Mé-Kong*, qui arrose la Cochinchine ;

Pour l'océan Indien : le *Brahmapoutre ;* le *Gange*, fleuve sacré des Indiens, qui forme un vaste delta avant de se jeter dans le golfe du Bengale ; l'*Indus* ou le *Sind*. Ces trois fleuves arrosent l'Hindoustan.

Le *Tigre* et l'*Euphrate* arrosent la Mésopotamie ; ils se réunissent sous le nom de *Chat-el-Arab*.

Les cours d'eau qui descendent du versant occidental du Grand Plateau s'arrêtent dans les lacs ou mers intérieures, dont les principaux sont la *mer d'Aral* et le *lac Balkach*.

Sur le Plateau Central se trouvent de nombreux lacs ; le plus important est le *lac Bleu* ou *Khou-Khou-Noor*.

Au Sud du Liban se trouve la *Mer Morte* ou *lac Asphaltite*, qui reçoit le *Jourdain*.

PRINCIPAUX ÉTATS DE L'ASIE.

Les principales divisions politiques de l'Asie sont : la Russie d'Asie, la Turquie d'Asie, l'Arabie, la Perse, le Turkestan, l'Hindoustan, l'Indo-Chine, la Chine et le Japon.

Russie d'Asie. La Russie d'Asie touche aux frontières turques, persanes et chinoises ; elle comprend un territoire grand comme une fois et demie la superficie de l'Europe, mais peuplé seulement d'environ 8 millions d'habitants.

Les possessions russes sont formées par la Sibérie, le Turkestan russe et la Transcaucasie.

La *Sibérie* comprend la partie septentrionale de l'Asie; cette contrée, couverte dans le Nord de steppes et de marais glacés, renferme dans le Sud d'immenses forêts, des mines d'or et d'argent. Sa population se compose en partie d'Européens, dont un grand nombre de déportés. Ils se sont groupés autour de villes dont les principales sont *Tobolsk* pour la Sibérie occidentale, *Irkoutsk* pour la Sibérie orientale et *Kiachta*, grand centre de commerce avec la Chine.

La Sibérie possède quelques ports sur le Grand Océan.

Une partie du *Turkestan* appartient à la Russie, qui tend de plus en plus de ce côté à se rapprocher des possessions Anglaises.

La *Transcaucasie* comprend les territoires qui s'étendent au Sud du Caucase, entre la mer Caspienne et la mer Noire, jusqu'aux montagnes d'Arménie. Elle est séparée de la Russie d'Europe par la chaine très élevée du Caucase. Un petit nombre de passages, protégés par des forts, assurent les communications entre ces deux parties de l'empire Russe.

Les principales villes de la Transcaucasie sont *Tiflis* et *Kars*. Cette province est peuplée par un grand nombre de tribus distinctes, dont les plus importantes sont les Géorgiens et les Circassiens. Une partie de ces tribus est nomade et imparfaitement soumise.

Turquie d'Asie. La Turquie d'Asie touche : au Nord à la mer Noire, à l'Est à la Russie et à la Perse, au Sud à l'Arabie, dont elle possède la côte occidentale, à l'Ouest à la Méditerranée. Elle comprend environ 17 millions d'habitants.

Toutes les provinces de la Turquie d'Asie, *Syrie, Mésopotamie, Arménie, Anatolie* (Asie-Mineure), ont joué dans l'antiquité un rôle important ; elles sont déchues aujourd'hui de leur ancienne splendeur ; cependant les *Échelles du Levant*, c'est-à-dire les ports sur la Méditerranée et la mer Noire, font encore un grand commerce.

Les villes principales de la Turquie sont : *Damas, Jaffa, Saint-Jean-d'Acre, Bagdad, Smyrne, Brousse, Erzeroum.*

Dans les montagnes de Syrie se trouvent des populations catholiques (Maronites) sous la protection de la France, qui eut plusieurs fois à intervenir en leur faveur contre le fanatisme des mahométans (Druses). C'est dans le Sud-Ouest de cette province que sont situées la *Palestine* et *Jérusalem.*

Arabie. L'Arabie se compose d'un plateau élevé et en partie cultivé sur la côte occidentale et au centre ; presque partout ailleurs l'Arabie est un désert, et un des déserts les plus arides du globe. Le pays, divisé en districts gouvernés par des cheiks distincts, est très peu peuplé.

Le *Nedjed* ou partie cultivée du centre est habité par des Arabes sédentaires. Dans le désert errent des tribus nomades.

Sur la côte occidentale, appartenant à la Turquie, se trouve *la Mecque.*

Perse. La Perse ou Iran comprend le plateau d'Iran. Elle touche à l'Ouest à la Turquie d'Asie, au Sud au golfe Persique et à la mer d'Oman, à l'Est à l'Afghanistan et au Béloutchistan, au Nord à la mer Caspienne et à la Russie. Dans l'Est de la Perse se trouvent de vastes déserts.

La Perse compte environ 5 millions d'habitants. La capitale est *Téhéran.*

Afghanistan. L'Afghanistan, situé au N. O. de l'Inde, est en ce moment occupé par une expédition anglaise. Les villes principales sont *Caboul* et *Hérat.*

Béloutchistan. Le Béloutchistan, situé entre la Perse et l'Inde, est sous l'influence des Anglais. Il n'est peuplé que de tribus à demi-sauvages.

Turkestan. Le Turkestan indépendant, situé entre l'Afghanistan et le Turkestan russe, est une étroite bande de terre peuplée de tribus à demi-nomades.

Hindoustan. L'Hindoustan, au sud des monts Himalaya, appartient presque entièrement aux Anglais. Au Nord sont deux États encore à peu près indépendants : le *Népaul* et le *Boutan.*

Indo-Chine. Outre les possessions Anglaises, la presqu'île de l'Indo-Chine comprend l'*empire des Birmans,* le *royaume de Siam,* l'*empire d'Annam,* le *royaume de Cambodge,* la *Cochinchine française* et quelques petits États indépendants dans la presqu'île de Malacca.

Chine. L'empire Chinois ou Céleste Empire comprend environ 9 millions de kimomètres carrés. Sa population dépasse 500 millions d'habitants et s'accroît considérablement malglé l'émigration. L'empire Chinois se divise en *Chine proprement dite* et en *pays tributaires.*

La *Chine proprement dite* ou *orientale* est une contrée excessivement riche et bien cultivée; c'est là qu'est concentrée la plus grande partie de la population. Les voies de communication sont les rivières et les canaux. On y rencontre : *Péking*, la capitale de la Chine, avec 2 millions d'habitants; *Nanking*, *Sou-Tcheou-Fou*, *Chang-Haï*, le principal port, et *Canton*, la grande ville commerçante du Sud.

Les *pays tributaires de la Chine*, situés au Nord et à l'Ouest, comprennent de vastes territoires composés en grande partie de steppes et de déserts, habités par des nomades (Corée, Mandchourie, Mongolie, Thibet, etc.).

L'armée chinoise a une organisation encore à peu près informe malgré les progrès effectués depuis 1861 (expédition de Chine).

Les Anglais et les Français au Sud, les Russes au Nord, cherchent à s'ouvrir par terre des débouchés commerciaux avec la Chine.

Japon. L'empire du Japon est situé à l'extrémité orientale de l'Asie. Il se compose de trois grandes îles, dont la principale est *Niphon* (capitale Yédo), et de plusieurs petits groupes. Sa population est d'environ 35 millions d'habitants. Cet empire fertile est bien cultivé.

Le Japon se transforme militairement et civilement à l'instar des puissances de l'Europe. Le service militaire est obligatoire ; l'armée est instruite par des officiers français. La marine comprend des vapeurs et des cuirassés. On a commencé à établir des chemins de fer dans Niphon.

Les Japonais sont braves et intelligents.

POSSESSIONS ANGLAISES.

Indes. L'*Inde anglaise* comprend des possessions directes et des possessions médiates ou pays tributaires. L'ensemble de ces différentes dépendances s'étend sur une contrée de plus de 4 millions de kilomètres carrés et une population de près de 200 millions d'habitants. Les possessions directes, divisées en présidences et en provinces (Bengale, Bombay, Madras, etc.), occupent la majeure partie de l'Hindoustan et toute la côte occidentale de l'Indo-Chine.

L'Inde et l'Indo-Chine anglaises forment une région excessivement riche et fertile. De nombreux chemins de fer sillonnent les vallées du Gange et de l'Indus. La capitale de l'Inde est *Calcutta*; les villes principales sont *Bombay*, *Madras*, etc. Au Sud de la presqu'île de Malacca est *Singapour*, dans la petite île de ce nom.

L'armée des Indes se compose de troupes européennes et de troupes indigènes (cipayes).

Le chemin le plus court pour se rendre d'Europe aux Indes passe par l'isthme de Suez, la mer Rouge et le détroit de Bab-el-Mandeb, dont les Anglais tiennent la clef par la possession de l'île de Périm et de la ville d'Aden, dans la presqu'île d'Arabie.

Au sud de l'Inde, l'Angleterre possède la grande *île Ceylan ;* dans la mer de Chine, elle occupe, non loin de Canton, l'*île Hong-Kong*.

Dans la Méditerranée, elle vient de se faire céder *Chypre* par la Turquie.

POSSESSIONS FRANÇAISES EN ASIE.

La France ne possède plus en Asie que quelques établissements sur les côtes de l'Hindoustan et la colonie de Cochinchine.

Possessions françaises dans les Indes. — L'ensemble des diverses possessions de la France dans l'Inde comprend cinq villes, dont les territoires isolés forment une étendue de 490 kilomètres carrés, peuplés par environ 280,400 habitants, dont 1,500 blancs.

Les cinq villes sont: *Mahé,* port sur la mer d'Oman, qui, avec quelques villages, compte 8,500 habitants ; *Karikal,* et les villages voisins, 92,000 habitants ; *Pondichéry,* chef-lieu des établissements français de l'Inde, mais ne possédant qu'un port très médiocre, 152,400 habitants ; *Yanaon,* 5,000 habitants ; *Chandernagor,* sur l'un des bras du Gange, située dans l'intérieur des terres, à environ 35 kilomètres au Nord de Calcutta, avec laquelle elle communique par un chemin de fer, 22,500 habitants.

Cochinchine. La Cochinchine française, placée au Sud de l'Indo-Chine, a une grande importance par sa position entre la Chine et l'Inde. Elle comprend tout le delta alluvionnaire du Mé-Kong (57,244 kil. car.). C'est une région basse, couverte en partie de marécages et de forêts. Au N. E., vers la frontière de l'Annam, le sol se relève. Les côtes sont partout basses, et la mer est sans profondeur.

L'année se divise en deux saisons : la saison sèche, d'octobre en avril, et la saison des pluies. Pendant cette dernière, la plaine est chaque année à peu près complètement inondée.

Les voies de communication sont les nombreux canaux ou arroyos qui relient entre eux les différents bras du fleuve.

La position la plus importante de la colonie est *Saïgon,* située à 70 kilomètres de la mer. Par le chenal d'un des bras du Mé-Kong et la rivière de Saïgon, les gros navires peuvent arriver jusqu'à cette ville, que son éloignement de la côte met en outre à l'abri de l'insulte d'une flotte ennemie.

La Cochinchine française se divise en six provinces, qui sont : celle de *Saïgon,* au centre, où se trouve la ville de Saïgon, capitale de la colonie ; celle de *Bien-Hoâ,* au N. E., avec la ville de ce nom ; celles de *Mytho,* capitale Mytho, de *Vinh-Long,* de *Chau-Dôc,* de *Ha-Tien.*

Le pays est d'une grande fertilité ; le riz est le produit le plus répandu.

Le climat exige des Européens les plus grandes précautions.

La population de la Cochinchine est d'environ 1.456.000 habitants, dont 800 Européens. Il y a en outre environ 4.000 hommes de troupes.

A 80 kilomètres au Sud des bouches du Mé-Kong, la France possède la petite île montagneuse et boisée de *Poulo-Condor.*

Au N. O. de la Cochinchine, la France exerce son protectorat sur le *royaume de Cambodge.*

L'*empire d'Annam* est lié à la France par un traité d'amitié qui équivaut à une sorte de protectorat.

POSSESSIONS PORTUGAISES.

Les Portugais n'ont gardé de leurs riches possessions en Asie que *Goa* et quelques autres petits ports de la côte occidentale de l'Inde, ainsi que *Macao*, en Chine.

AFRIQUE.

L'Afrique occupe le S. O. de l'ancien continent. Elle a une superficie trois fois aussi grande que celle de l'Europe, mais elle est moins peuplée que cette contrée.

Généralités sur l'Afrique. Le continent africain forme une vaste presqu'île triangulaire, disposée presque sur tout le littoral en gradins étagés, qui conduisent de la plage à de hautes plaines intérieures (plateau central et méridional). Les côtes ne présentent aucune de ces grandes découpures qui, en pénétrant dans les terres, rendent les communications faciles.

L'Afrique a près du tiers de son étendue situé sous la zone torride ; aussi n'a-t-elle en général que deux saisons : la saison sèche et la saison pluvieuse.

L'une est signalée par des chaleurs accablantes, et l'autre par des pluies torrentielles qui font déborder les rivières et entretiennent sur presque tous les rivages et sur certains plateaux des marécages aux exhalaisons pernicieuses.

A ses deux extrémités du Nord et du Sud on jouit d'un climat plus tempéré et plus salubre.

Jusqu'à ces derniers temps, le centre de l'Afrique était inconnu ; grâce au courage de quelques voyageurs : Burton, Speke, Livingstone, Cameron, Stanley, de Compiègne, M. de Brazza, etc., cette région a été en partie parcourue, plusieurs grands lacs de l'immense plateau ont été explorés, et l'on commence à suivre les grandes lignes d'eau qui le sillonnent.

Bornes. L'Afrique est bornée au Nord par la *mer Méditerranée* et le *détroit de Gibraltar,* qui la séparent de l'Europe ; à l'Ouest, par l'*océan Atlantique;* à l'Est, par l'*isthme de Suez* et la *mer Rouge,* qui la séparent de l'Asie, et par l'*océan Indien.*

Mers. — Golfes. — Iles. La *Méditerranée* forme les golfes *de la Sidre* et *de Kabès.*

L'*océan Atlantique* forme le golfe *de Guinée.*

On trouve dans cet océan : les *îles Açores,* les *îles Madère,* les *Canaries,* les *îles du Cap-Vert,* l'*île de Gorée,* les *îles de Fernando-Po,* de *Saint-Thomas, d'Annobon,* de *l'Ascension* et de *Sainte-Hélène;*

Dans l'*océan Indien :* l'*île de Madagascar,* séparée de la terre ferme par le canal de Mozambique; les *îles Comores;* les *îles Maurice* et *de la Réunion;* les *îles Seychelles, Socotora,* etc.

Les principaux caps de l'Afrique sont : dans la Méditerranée, le *cap Ceuta* et le *cap Bon;* dans l'océan Atlantique, le *cap Vert,* et. au Sud, le *cap de Bonne-Espérance;* dans l'océan Indien, le cap de *Guardafui.*

Montagnes. Le *plateau* de la région centrale et méridionale a une élévation d'environ 1,000 mètres. Il renferme des marécages, de grands lacs, et, avec des steppes, des contrées d'une grande fertilité.

Au N. E. de ce plateau est le *massif d'Abyssinie*. Au N. O. sont les *monts de Kong*.

Au Nord, le plateau s'abaisse dans la *plaine du Soudan* ét le *désert de Sahara*.

Le Sahara est aussi étendu que la moitié de l'Europe; c'est en certains endroits une véritable mer de sable, qui a ses tempêtes sous le souffle du simoun. On y rencontre des oasis, qui sont les points de relâche pour les caravanes.

Au Nord du Sahara se trouvent les massifs *de l'Atlas*, qui vont de l'océan Atlantique au cap Bon.

La région de l'Atlas se compose de hauts plateaux et de talus montagneux qui, au Sud, descendent sur le Sahara et forment au Nord le Tell ou la région des terres cultivables.

Fleuves. Les principaux fleuves de l'Afrique sont :

Pour la Méditerranée : le *Nil*, un des trois plus grands fleuves du monde ; on ne connaît pas encore exactement ses sources. On sait cependant qu'il sort des grands lacs de la région équatoriale, le *Victoria-Nyanza* et l'*Albert-Nyanza*. Le Nil se jette par un vaste delta dans la Méditerranée ;

Pour l'océan Atlantique : le *Sénégal*, la *Gambie*, le *Niger* et le *Congo ;*

Pour l'océan Indien : le ***Zambèze***, qui part du Plateau Central.

PRINCIPAUX ÉTATS DE L'AFRIQUE.

Les principaux États de l'Afrique se trouvent sur le versant de la Méditerranée. Ce sont l'Égypte et les anciens États barbaresques, c'est-à-dire l'État de Tripoli, la Régence de Tunis, l'Algérie et l'empire de Maroc.

Il y a, en outre, en Afrique un nombre considérable de petits États disséminés dans le Soudan, la Guinée, le Congo, l'Abyssinie et les régions du Plateau Central (Zanguebar, Mozambique, Cafrerie, Hottentotie, Congo).

Égypte. L'Égypte est baignée par la Méditerranée et la mer Rouge. Elle comprend nominalement toute la vallée du Nil depuis l'équateur, et se divise en trois parties : le Soudan égyptien, dans le bassin supérieur du Nil; la Nubie, dans le bassin moyen, qui n'offre entre le Nil et la mer Rouge qu'un désert; et enfin l'Égypte proprement dite, région très fertile dans la vallée du fleuve, arrosée par les inondations périodiques de ce cours d'eau.

L'Égypte est une vice-royauté sous la suzeraineté de l'empire Ottoman. Sa population est d'environ 15 millions d'habitants. Ce pays possède une administration régulière, une armée instruite à l'européenne et une petite marine. Il a des chemins de fer et l'on y rencontre des fabriques de tout genre, créées pour la plupart par des Français.

La capitale de l'Égypte est *le Caire,* situé sur les bords du Nil. Les villes principales sont : *Alexandrie,* le port le plus important de l'Afrique sur la Méditerranée; *Damiette, Aboukir; Suez,* sur la mer Rouge. Un peu au-dessus du Caire, sur la rive gauche du Nil, se dressent les Pyramides.

Au N. E. de l'Egypte se trouve l'*isthme de Suez*, qui unit l'Afrique à l'Asie; cet isthme est coupé par un canal de 160 kilomètres, qui permet de passer de la Méditerranée dans la mer Rouge. Cet immense travail est dû à un Français, M. de Lesseps.

Tripoli. L'État de Tripoli, situé à l'Ouest de l'Égypte, est sous la dépendance directe de l'empire Ottoman; c'est un pays médiocrement fertile, manquant d'eau. Il renferme environ 1 million d'habitants. Sa capitale est *Tripoli*.

Régence de Tunis. La Régence de Tunis, à l'Ouest du vilayet de Tripoli, se trouve dans la région de l'Atlas; elle est gouvernée par un bey vassal de l'empire Ottoman.

La population est de 1,700,000 habitants environ. La capitale est *Tunis*.

Algérie.

Maroc. L'empire du Maroc est borné au Nord par le détroit de Gibraltar, à l'Ouest par l'océan Atlantique, à l'Est par l'Algérie, au Sud par le Sahara. Cet empire, par sa position sur deux mers, pourrait avoir une grande importance, mais il est encore à l'état barbare.

La population, dont il est impossible de déterminer le chiffre, est de 5 à 6 millions d'habitants. L'armée n'est pas disciplinée.

La capitale de l'empire est *Maroc*.

Colonies anglaises. Au Sud de l'Afrique, les Anglais possèdent la *colonie du Cap*, avec la *Cafrerie*, *Natal* et le *Transvaal*.

Ces possessions occupent toute la pointe méridionale de l'Afrique, dans la zone tempérée.

La plus grande partie de la population européenne du Cap descend des colons hollandais Boërs et de réfugiés français protestants.

Cette colonie, outre ses richesses, est d'une grande importance comme station militaire et comme entrepôt de commerce entre les possessions indiennes et la Grande-Bretagne.

Les colons ont eu souvent à se défendre contre les incursions de tribus voisines très belliqueuses (Cafres, Zoulous).

La capitale de la colonie est le *Cap*, vaste et très bon port, bien fortifié.

Outre ces possessions, les Anglais possèdent la ***Gambie*** et des établissements sur la ***côte de Guinée;*** les îles de *Sainte-Hélène*, de ***l'Ascension***, ***Maurice***, etc.

COLONIES FRANÇAISES EN AFRIQUE.

La France possède en Afrique, ***en dehors de l'Algérie :*** la colonie du ***Sénégal***, des comptoirs sur les ***côtes de Guinée;*** l'*île de la Réunion* et *quelques groupes d'îles* voisines de Madagascar.

Sénégal. La colonie du Sénégal, qui s'est développée considérablement sous le gouvernement du général Faidherbe, comprend nominalement tout le cours du Sénégal et des établissements sur la côte entre le cap Blanc, au Nord, et le cap Sierra-Leone, au Sud.

Le pays à l'intérieur est assez montueux; la côte est basse et l'entrée du fleuve (Sénégal) est obstruée par une barre mobile qui empêche les gros navires d'y pénétrer.

La colonie du Sénégal est divisée en 2 arrondissements (Saint-Louis et Gorée-Dakar). Chacun d'eux est subdivisé en régions dont l'administration est confiée à des commandants de poste.

A l'exception de la ville de *Saint-Louis*, capitale de la colonie, située dans une île du Sénégal, et de celle de *Gorée*, sur le rocher de ce nom, les autres positions ne sont que des postes militaires qui servent en même temps de comptoirs pour les transactions.

Le meilleur port de la colonie est Gorée.

Le climat du Sénégal est peu favorable aux Européens.

La saison sèche, de décembre à la fin de mai, est caractérisée par des nuits très fraiches et des journées d'une chaleur excessive.

La population du Sénégal est d'environ 197,300 habitants.

Au Nord du fleuve habitent des tribus nomades; dans le haut Sénégal se trouve une population guerrière peu favorable à la domination française; au Sud du Sénégal existent plusieurs États noirs hostiles les uns aux autres; leurs habitants sédentaires recherchent la protection de la France.

Les principales productions du pays sont : la gomme, le caoutchouc, la cire, l'ivoire.

Établissements de la côte d'Or et du Gabon. Sur la côte de la Guinée septentrionale, la France possède les comptoirs du Grand-Bassam, de Dabou, d'Assinie; sur la côte de la Guinée méridionale, un comptoir à l'embouchure de la rivière du Gabon. Les garnisons de ces postes ont été retirées, mais la France a conservé la souveraineté du territoire.

Indépendamment de ces comptoirs, la France a le protectorat nominal de quelques régions voisines.

L'industrie et l'agriculture sont presque nulles dans ces contrées.

Réunion. La Réunion ou île Bourbon est située à 560 kilomètres à l'Est de Madagascar.

C'est une île volcanique dont les côtes, d'un développement de 207 kilomètres, n'offrent pas un seul port naturel.

Les points culminants sont : au Nord, le piton des Neiges, ancien volcan (3.069 mètres); au Sud, le piton de la Fournaise, 2.625 mètres (volcan en activité). Ces deux groupes montagneux sont reliés par le plateau ou plaine des Cafres.

L'île de la Réunion, quoique placée sous la zone torride, n'est pas défavorable aux Européens, mais elle est exposée à des ouragans ou cyclones terribles pour les cultures et les navires.

La population de la Réunion est d'environ 180,000 habitants.

Pour suppléer au travail des esclaves, on a introduit à la Réunion, comme à la Martinique et à la Guadeloupe, des travailleurs africains, indiens et chinois (immigrants engagés temporairement).

La capitale de la Réunion est *Saint-Denis,* sur la côte

Nord. Au sud se trouve *Saint-Pierre,* où l'on a créé un port. On a décrété l'établissement d'un chemin de fer entre Saint-Pierre et Saint-Denis.

Les tabacs, les sucres, les cafés, les écorces tannantes, la vanille sont les principaux produits de l'île.

Sainte-Marie de Madagascar. Des anciens établissements de la France à Madagascar il ne reste que l'île de *Sainte-Marie.*

Cette île, d'une superficie de 90 kilomètres carrés, est séparée de la côte N. E. de Madagascar par un canal large de 5 kilomètres. Le climat est humide et malsain. La plus grande partie du sol est de mauvaise qualité. Le principal avantage de cette colonie consiste dans la bonne rade de *Port-Louis,* point de refuge pour les navires assaillis par les cyclones.

La population est d'environ 6.000 habitants.

Mayotte. Au nord du canal de Mozambique se trouve l'*île Mayotte,* la plus méridionale des îles Comores.

Le sol, d'origine volcanique, est d'une grande fertilité.

L'île, entourée d'une ceinture de récifs, offre de bons mouillages.

La population, formée en partie d'Arabes et d'individus venus de Madagascar, est de 9.600 habitants.

La principale production est le sucre.

Près de la côte de Madagascar se trouve l'île *Nossi-Bé,* entourée de plusieurs ilots, dont le plus grand est Nossi-Cumba.

La population compte environ 7.000 habitants, venus

en majeure partie de Madagascar. Le sol de l'île est fertile; le sucre, le café, le riz, sont les principaux produits.

Colonies portugaises. Les Portugais possèdent en Afrique : les *îles du Cap-Vert*, l'*île du Prince*, l'*île Saint-Thomas*, la *côte de l'Angola* et du *Benguela*, sur l'Atlantique; la *côte de Mozambique*, sur l'océan Indien.

Colonies espagnoles. Les Espagnols possèdent les *îles Canaries; Ceuta*, sur le cap de ce nom, en face de Gibraltar; les *îles de Fernando-Po* et *Annobon*, dans l'Atlantique.

AMÉRIQUE.

L'Amérique, ou nouveau continent, fut découverte par Christophe Colomb en 1492. Elle s'étend entre le 82° latitude Nord et le 55° latitude Sud. Elle se compose de deux immenses presqu'îles : l'*Amérique du Nord* et l'*Amérique du Sud*, réunies par l'isthme de Panama, à travers lequel on a le projet de faire passer un canal et que traverse déjà un chemin de fer.

Les deux presqu'îles offrent à peu près la même configuration par leur structure. Elles présentent un assemblage de longues chaînes de montagnes, d'épaisses forêts et des plaines immenses dénuées d'arbres.

Bornes. L'Amérique est bornée : au Nord, par l'*océan Glacial Arctique;* à l'Est, par l'*océan Atlantique*, qui la sépare de l'ancien continent; au Sud, par l'*océan Glacial Antarctique;* à l'Ouest, par l'*océan Pacifique* et la *mer de Behring*.

Mers. — Golfes. — Iles. — Presqu'îles. L'*océan Glacial* forme la *baie d'Hudson* et la *mer de Baffin*. On rencontre dans cet océan l'*archipel des Terres arctiques*, séparées entre elles par de nombreux détroits. Les détroits de Davis et de Baffin séparent le Groenland des autres terres arctiques.

On a cherché une voie de commerce entre l'Europe et l'Asie orientale par le Nord de l'Amérique, mais les *passages du N. O.* sont presque toujours obstrués par les glaces.

L'*océan Atlantique* forme le *golfe du Saint-Laurent*, le *golfe du Mexique* et la *mer des Antilles*.

C'est du golfe du Mexique que part le grand courant dit *courant du Golfe*, qui longe la côte orientale des Etats-Unis, traverse l'océan Atlantique et se fait encore sentir sur les côtes occidentales de l'Europe.

Les principales presqu'îles baignées par l'Océan Atlantique sont celles de la *Floride* et d'*Yucatan*.

On rencontre dans cet océan l'*île de Terre-Neuve*, les *Lucayes*, les *Antilles*, les *îles Vierges*, les *îles Bermudes*, les *îles Falkland*, etc.

Les *Antilles* forment un chapelet d'îles qui commence à l'Est de la presqu'île d'Yucatan et s'allonge jusqu'à l'embouchure de l'Orénoque. Elles se composent de deux groupes principaux : les *Grandes Antilles*, qui comprennent Cuba, Haïti, Puerto-Rico, la Jamaïque ; les *Petites Antilles*, dont les principales sont : la Guadeloupe. la Dominique, la Martinique, la Barbade, Tabago, la Trinité, etc.

L'*océan Pacifique* ou *Grand Océan* forme : la *mer de Behring*, qui, par le détroit de Behring. conduit à l'océan Glacial ; le *golfe de Californie*, qui baigne l'Est de la presqu'île de ce nom : le *golfe de Panama*.

Entre l'Océan et la mer de Behring s'avance la *presqu'île d'Alaska*. On trouve dans le Grand Océan les *îles Aléoutiennes*.

L'océan Pacifique communique avec l'océan Atlantique par le *détroit de Magellan;* au Sud de ce détroit sont la *Terre de feu* et le *cap Horn*.

Montagnes. L'Amérique du Nord est formée, près de la côte du Grand Océan, d'un long et haut plateau qui est la région des *montagnes Rocheuses* et qui s'étend de la presqu'île d'Alaska jusqu'à l'isthme de Panama. La partie méridionale du plateau prend le nom de *plateau du Mexique*. Près de la côte de l'Atlantique, depuis le golfe du Saint-Laurent jusqu'au golfe du Mexique, se trouvent les *monts Alléghanys ;* entre les montagnes Rocheuses et les monts Alléghanys s'étend la *grande plaine du Mississipi* ou région des prairies. Elle n'est séparée de la plaine de l'océan Glacial que par un plateau peu élevé, au Sud duquel se trouve la *région des grands lacs* (Supérieur, Michigan, Huron, Erié, Ontario). Les deux derniers communiquent par la rivière Niagara.

L'Amérique du Sud présente, près de la côte du Pacifique, une longue chaîne de montagnes, qui porte le nom d'*Andes* ou de *Cordillères;* à l'Est de ces montagnes s'étend une grande plaine que les *plateaux de la Guyane* et du *Brésil* divisent en trois parties : au Nord, la *plaine de l'Orénoque*, formée de steppes ; au centre, la *plaine forestière de l'Amazone*, avec la végétation luxuriante des tropiques ; au Sud, la *région des Pampas* et des steppes s'étendant jusqu'au détroit de Magellan.

Fleuves. Les fleuves principaux de l'Amérique du Nord sont : pour l'océan Atlantique, le *Saint-Laurent,* qui sert de déversoir aux grands lacs et qui va se jeter par un vaste estuaire dans le golfe de ce nom; le *Mississipi,* le fleuve le plus important de toute l'Amérique du Nord, qui part du Nord de la région des prairies et qui va se jeter dans le golfe du Mexique. Il reçoit de très nombreux affluents, entre autres, sur sa rive droite, le *Missouri,* qui vient des montagnes Rocheuses, et, sur sa rive gauche, l'*Ohio,* qui part des monts Alléghanys.

Pour l'océan Pacifique : le *Rio Colorado,* le *Sacramento* et l'*Orégon*.

Dans l'Amérique du Sud, les principaux fleuves sont : pour l'océan Atlantique, la *Magdalena,* l'*Orénoque,* l'*Amazone,* le plus puissant fleuve du monde (6,000 kilomètres), qui sort d'un lac des Andes et reçoit sur sa rive gauche le *Rio Negro,* sur sa rive droite, la *Madeira.* Le *Rio de la Plata,* formé de l'*Uruguay* et du *Parana,* se jette égalcment dans l'océan Atlantique.

PRINCIPAUX ÉTATS DE L'AMÉRIQUE.

Les principaux Etats de l'Amérique du Nord sont : au Nord, le *Canada,* ancienne possession française, qui forme aujourd'hui, avec d'autres colonies anglaises, une confédération.

Les villes principales sont : *Ottawa,* capitale de la confédération; *Québec, Montréal,* bâtie sur une île du Saint-Laurent.

Les *Etats-Unis*, anciennes colonies anglaises, touchent : au Nord, au Canada; à l'Est, à l'océan Atlantique; au Sud, au Mexique; à l'Ouest, à l'océan Pacifique. Ils occupent un territoire presque égal à celui de l'Europe et forment une république fédérative composée de trente-neuf Etats; d'un district fédéral et de huit territoires. Chaque Etat a ses lois et un gouvernement particulier, mais tous sont subordonnés pour les questions d'intérêt général au gouvernement fédéral, représenté par un congrès et par un président électif.

La capitale fédérale est ***Washington;*** les villes principales sont ***Boston, New-York,*** la plus grande cité de l'Amérique, ***Philadelphie, Baltimore, la Nouvelle-Orléans, Chicago, Cincinnati, Saint-Louis, San-Francisco.*** La population des Etats-Unis compte environ 40 millions d'habitants; très dense le long de l'Atlantique, elle est clairsemée dans l'Ouest et le Centre. Elle présente une très grande diversité d'origine (Anglais, Allemands, Français, nègres, métis, Indiens). La langue officielle est l'anglais; on parle beaucoup l'allemand.

L'armée, toute formée de volontaires, est d'environ 35,000 hommes. La milice pourrait comprendre 3 millions d'individus. La marine des Etats-Unis est puissante. Ils importent en Europe des produits alimentaires et du coton.

Un grand nombre de canaux et environ 130,000 kilomètres de chemins de fer sillonnent le territoire des Etats-Unis.

Cette république possède, au Nord-Ouest de l'Amérique, le *territoire d'Alaska*, ancienne Amérique russe.

Mexique. Le Mexique, ancienne colonie espagnole, situé au Sud des Etats-Unis, entre le golfe du Mexique et le Grand Océan, forme aujourd'hui une république. Il comprend environ 8 millions et demi d'habitants, dont les deux tiers d'indigènes; les blancs et les métis forment à peu près l'autre tiers.

Le Mexique se divise en trois zones. Le long des côtes est la région des terres chaudes, excessivement fertiles, mais malsaines. A 12 ou 1,500 mètres d'élévation se trouve la région tempérée. Au-dessus de 2,000 mètres sont les terres froides.

Le Mexique possède de riches mines d'argent et de cuivre; il est peu cultivé. Les villes principales sont : *Mexico*, capitale; *la Vera-Cruz* et *Puébla*.

La langue parlée est l'espagnol. Les moyens de communication à l'intérieur des terres sont presque nuls; cependant une voie ferrée relie la Vera-Cruz et Puébla.

L'*Amérique centrale*, comprise dans l'isthme qui joint les deux péninsules, se compose de cinq petites républiques. Ce sont d'anciennes colonies espagnoles :

La république de Guatémala, capitale Guatémala;
La république de Salvador, capitale San-Salvador;
La république de Nicaragua, capitale Managua;
La république de Honduras, capitale Comayagua;
La république de Costa-Rica, capitale San-José.

L'*Amérique du Sud* a jadis appartenu aux Espagnols et aux Portugais; elle forme aujourd'hui des Etats indépendants, habités par une population métis résultant du mélange des Européens, des Indiens indigènes et des nègres. On y parle l'espagnol ou le portugais.

L'Amérique du Sud comprend :

Les *Etats-Unis de Colombie* (2.800.000 habitants), capitale Santa-Fé de Bogota;

La république fédérative de *Vénézuela* (1.200.000 habitants), capitale Caracas;

La république de l'*Equateur* (environ 1 million d'habitants), capitale Quito, à 3.000 mètres environ au-dessus du niveau de la mer;

La république du *Pérou*, capitale Lima (environ 2 millions et demi d'habitants, dont 40,000 blancs); pays très difficile et sans routes;

La *Bolivie* ou *Haut-Pérou* (2 millions d'habitants environ), capitale La Paz.

La république du *Chili*, au Sud de la Bolivie, est un pays montagneux resserré entre les Andes et la mer, renfermant de grandes richesses minérales. Cette république. d'environ 2 millions d'habitants, forme un Etat florissant. Des chemins de fer relient quelques-uns de ses ports aux grandes villes. La capitale est *Santiago*. Le principal port est *Valparaiso*.

La *République Argentine* ou *Etats de la Plata* (environ 2 millions d'habitants en comptant la *Patagonie*, qui est complètement insoumise), possède un sol riche en minéraux précieux. Dans le Sud s'étendent les Pampas, où vivent à l'état sauvage un grand nombre de chevaux et de bœufs. Sa capitale est *Buénos-Ayres,* peuplée en partie de Français et d'Italiens.

La république de *l'Uruguay,* capitale Montévidéo.

La république du *Paraguay,* capitale l'Assomption.

L'empire du Brésil, ancienne colonie portugaise, occupe le centre et l'Est de l'Amérique méridionale. Il a un territoire presque aussi étendu que l'Europe. On peut le diviser en trois régions : la région de l'Amazone ou région forestière ; la région des côtes, où se trouvent les cultures; et la région du plateau, où se trouvent le bétail et surtout des mines très riches de diamants. Les routes sont rares ; on commence à construire quelques chemins de fer. La capitale est *Rio-de-Janeiro,* la plus grande ville de l'Amérique du Sud. Le port principal est *Bahia.* La population est d'environ 11 millions et demi d'habitants. L'armée compte 25,000 hommes et une milice. La flotte se compose d'une soixantaine de bâtiments à vapeur.

Au N. E. de l'Amérique du Sud, entre l'embouchure de l'Orénoque et celle de l'Amazone, se trouve une contrée appelée la *Guyane,* qui est partagée entre l'Angleterre, la Hollande, la France et le Brésil.

POSSESSIONS EUROPÉENNES EN AMÉRIQUE.

Colonies anglaises. Presque toute la région du Nord de l'Amérique appartient aux Anglais (*domination du Canada*). Outre ces possessions, qui comprennent une superficie d'environ 9 millions de kilomètres carrés, mais peuplée seulement d'environ 3 millions et demi d'habitants, l'Angleterre occupe l'*île de Terre-Neuve*, l'*île du Prince-Édouard,* la *Jamaïque,* un grand nombre des *Petites Antilles,* l'archipel des *îles Lucayes,* les *îles Bermudes,* la meilleure partie de la *Guyane* et les *îles Falkland,* etc.

Colonies espagnoles. L'Espagne possède l'*île de Cuba* (capitale la Havane) et l'*île de Puerto-Rico.*

Colonies hollandaises. La Hollande possède une partie de *Saint-Martin, deux îles des Petites Antilles* (Saba, Saint-Eustache), une partie de la *Guyane,* l'*île de Curaçao,* etc.

Colonies danoises. Le Danemark possède *trois des îles Vierges*, dont la plus grande, Sainte-Croix, et quelques établissements sur la côte occidentale du Groenland.

POSSESSIONS FRANÇAISES EN AMÉRIQUE.

La France n'a conservé de ses pessessions d'Amérique que la *Guyane,* quelques *îles des Petites Antilles* et les îlots de *Saint-Pierre* et *Miquelon.*

Guyane. Le vague des limites de la Guyane française ne permet pas de déterminer exactement son étendue. La longueur des côtes est d'environ 500 kilomètres.

On distingue les terres de la Guyane en terres hautes et terres basses. Celles-ci occupent tout le littoral; elles sont formées de terres d'alluvion, dont une partie est cultivée et l'autre couverte de savanes sèches ou noyées. Les forêts commencent à 60 ou 80 kilomètres des côtes et se prolongent dans l'intérieur.

La Guyane est sillonnée par un grand nombre de cours

d'eau. Le climat exige, pour les Européens, de très grandes précautions.

Le chef-lieu de la colonie est la ville de *Cayenne*, située dans l'île du même nom. L'exportation de l'or est le principal produit de la colonie; les autres productions, bois, sucre, cacao, sont fort restreintes à cause du manque de travailleurs.

La population de la Guyane est d'environ 18,300 habitants, dont 1,100 hommes de garnison.

Au nord de Cayenne sont les trois petites *îles du Salut*, où se trouvent les principaux pénitenciers.

On n'envoie plus dans les pénitenciers de la Guyane que des Arabes, des nègres et des Annamites.

Martinique. La superficie de la Martinique est de 987 kilomètres carrés; l'île est montagneuse et volcanique; un tiers du sol est en culture. Les montagnes les moins élevées sont couvertes de forêts; les sommets des plus hautes sont occupés par des savanes.

La côte orientale, bordée de rochers, est dangereuse; au Nord et à l'Ouest existent plusieurs rades où les navires trouvent de bons abris.

Le climat, chaud et humide sur les côtes, est très sain dans l'intérieur. Des tremblements de terre et des ouragans sévissent sur l'île.

Le chef-lieu de la colonie est *Fort-de-France*, dont la baie offre la plus belle rade des Antilles.

La deuxième ville est *Saint-Pierre*, port très actif.

La population de la Martinique est de 161,800 habitants environ, dont 900 hommes de troupe.

Les principaux produits sont la canne à sucre et le cacao.

Guadeloupe. A 100 kilomètres au Nord de la Martinique est la *Guadeloupe*.

La Guadeloupe se compose de deux îles séparées par un petit détroit (la Rivière Salée), dont la largeur varie de 30 à 120 mètres. La superficie totale des deux îles est d'environ 1,400 kilomètres carrés. Sa population est d'environ 225,000 habitants.

La *Guadeloupe proprement dite*, à l'Ouest, est une région montagneuse dont le point culminant est le volcan de la Soufrière ; elle est très boisée et parcourue par de nombreux cours d'eau. Au nord de l'île et dans le voisinage de la Rivière Salée se trouvent des plaines très fertiles.

La Guadeloupe proprement dite est exposée à de fréquents tremblements de terre.

La capitale de l'île et de la colonie est *la Basse-Terre*, au pied de la Soufrière.

La *Grande-Terre*, à l'Est, dont le sol est bas, sans rivières, sans bois, est une terre grasse partout labourable et très féconde.

La ville principale est *la Pointe-à-Pître*, qui possède un port très sûr. Les principaux produits sont la canne à sucre, le café, le cacao, la vanille.

De la Guadeloupe dépendent : au S. E., *Marie-Galante* (environ 150 kilom. c.), dont le sol est fertile et le centre boisé, 14.500 habitants ;

Au Sud, les îlots *des Saintes*, au nombre de cinq, disposés en forme circulaire, offrant un beau port pour les navires de guerre. et habités par une population de pêcheurs d'environ 1.500 habitants;

Au N. E., *la Désirade* (43 kilom. c.) : population de pêcheurs d'environ 1,000 habitants;

La partie septentrionale de l'ile *Saint-Martin*, située à 233 kilomètres au Nord de la Guadeloupe.

La France possède les deux tiers de cette île (55 kilomètres carrés), 3.500 habitants. Le sol est fertile; les produits sont le sel et le bétail. Le reste de l'île appartient aux Hollandais.

Saint-Barthélemi, à 175 kilomètres N. O. de la Guadeloupe : sol montagneux, mais fertile, renfermant des mines de plomb et de zinc. Cette ile est entourée de rochers qui rendent son accès difficile.

Sa population est d'environ 2,400 habitants.

Près de l'embouchure du Saint-Laurent sont les ilots de *Saint-Pierre* et *Miquelon*.

Ces terres (Saint-Pierre, île aux Chiens, Grande-Miquelon, Petite-Miquelon ou Langlade), à peu près stériles, sont habitées par une population de marins qui se livre principalement à la pêche de la morue. Environ 4,000 habitants.

OCÉANIE.

L'Océanie comprend un continent et une multitude d'îles dispersées dans l'océan Pacifique.

Elle se divise en quatre parties : la *Malaisie*, au N. O.; la *Mélanésie*, au S. O.; la *Micronésie* et la *Polynésie*, au Nord et à l'Est.

La *Malaisie* est ainsi appelée des Malais (race jaune), qui en forment la population principale; elle se nomme quelquefois archipel Asiatique ou archipel Indien.

Elle comprend :

1° Les îles *de la Sonde*, avec leur splendide végétation, dont les principales sont *Sumatra* et *Java*. L'île de Sumatra n'est séparée de l'Asie que par le détroit de *Malacca;*

2° *Bornéo*, la plus grande île du monde, encore mal connue;

3° *Célèbes*, peu explorée dans l'intérieur;

4° Le groupe des îles *Moluques;*

5° Les îles *Philippines*, dont la principale est *Luçon*.

Mélanésie. La Mélanésie se compose d'un continent, l'*Australie*, et de diverses îles.

L'*Australie* a une étendue qui peut être comparée aux trois quarts de l'Europe. L'intérieur est encore peu connu. L'Australie est reliée à l'Europe par des lignes télégraphiques qui rejoignent les lignes de la Malaisie et de l'Inde.

Les principales îles de la Mélanésie sont : au Nord de l'Australie, la *Nouvelle-Guinée;* à l'Est, les *archipels de la Nouvelle-Bretagne* et des *îles Salomon;* la *Nouvelle Calédonie*, avec les îles *Loyalty;* au S. E., la *Nouvelle-Zélande*, la *Tasmanie,* séparée de l'Australie par le détroit de Bass.

La *Micronésie* et la *Polynésie* se composent d'un nombre considérable de petites îles.

COLONIES EUROPÉENNES.

Colonies hollandaises. Les Hollandais occupent la plupart des *îles de la Sonde* (Java, la plus grande partie de Sumatra), les côtes *Sud et S. E. de Bornéo,* l'*île Célèbes*, les *Moluques,* etc.

La capitale de toutes ces colonies, qui comprennent plus d'un million et demi de kilomètres carrés et 20 millions d'habitants, est *Batavia* (150,000 habitants), sur la côte septentrionale de *Java.*

Colonies anglaises. Les colonies anglaises comprennent : l'*Australie,* dont les villes principales sont *Sydney,* à l'Est, et *Melbourne,* au Sud-Est, auprès de laquelle se trouvent des mines d'or, la *Tasmanie,* la *Nouvelle-Zélande* et plusieurs petites îles.

Colonies espagnoles. Les Espagnols possèdent les *Philippines;* la capitale est *Manille* (140,000 habitants), dans l'île Luçon.

Les *colonies portugaises* sont très peu importantes.

COLONIES FRANÇAISES.

La France possède en Océanie : la *Nouvelle-Calédonie* et les îles voisines, les *îles Marquises* et les *îles de la So-*

ciété. Elle exerce son protectorat sur un grand nombre d'autres petites îles (archipel des Touamatou, îles Gambier, deux îles de l'archipel Toubouaï).

Nouvelle-Calédonie. La Nouvelle-Calédonie est située à l'Est de l'Australie (environ 1,000 kilom.); elle présente la forme d'une langue de terre de 360 kilom. de long sur 38 à 60 de large. Une ceinture de récifs enveloppe l'île en ne laissant que quelques passes et protège la côte contre les tempêtes de la haute mer. L'intérieur de l'île est un plateau surmonté çà et là de chaînons ou de pics isolés.

La Nouvelle-Calédonie a les deux saisons des régions tropicales, mais les brises de mer rendent le climat très supportable. La salubrité de l'île a déterminé le Gouvernement français à y transporter les condamnés aux travaux forcés.

Les indigènes, au nombre d'environ 40,000, sont des nègres, jadis anthropophages, divisés en tribus.

La capitale de l'île est *Nouméa*, dont la rade est abritée par la petite *île Nou*.

La population blanche de l'île est d'environ 6,000 habitants, y compris 1,600 hommes de troupe.

Les principales productions de l'île sont : la canne à sucre et le tabac. Dans le N. E. on a découvert des gisements d'or et de cuivre.

A 50 kilomètres au S. E. de la Nouvelle-Calédonie se trouve la petite *île des Pins;* elle a reçu de nombreux déportés politiques.

A 110 kilomètres à l'Est est le groupes des îles *Loyalty*.

Iles Marquises. Les îles Marquises, dans la Polynésie, sont au nombre de onze. La principale est *Nouka-Hiva.*

La population de ces îles est d'environ 7.000 habitants.

Iles de la Société. Les îles de la Société, dont la principale est *Taïti,* remarquable par son climat et sa fertilité, viennent de se donner à la France; elles formaient la plus grande partie des Etats du Protectorat. Leur population est d'environ 11.000 habitants.

DEUXIEME SÉANCE.

EUROPE.

L'Europe a une superficie d'environ dix millions de kilomètres carrés. C'est la plus petite des cinq parties du monde.

Placée dans le N. O. de l'ancien continent, elle s'étend du 35e au 71e degré de latitude Nord et du 64e degré de longitude orientale au 27e degré de longitude occidentale.

L'Europe peut se diviser en deux parties : la ligne de démarcation irait des bouches du Niémen, dans la mer Baltique, à celles du Dniéper dans la mer Noire.

La région à l'Ouest de cette ligne forme l'Europe occidentale ; elle comprend des contrées accidentées et fertiles, jouissant d'un climat tempéré, habitées par une population dense et industrieuse.

La partie à l'Est (Europe orientale) se compose de vastes plaines, relativement peu peuplées et peu cultivées. Les pays du Nord de cette région sont glacés ; ceux du Centre, par rapport à leur latitude, jouissent d'un climat extrême en toute saison ; les territoires du Sud sont brûlés par le soleil.

Bornes de l'Europe. L'Europe est bornée : au Nord par l'*océan Glacial Arctique ;* à l'Ouest par l'*océan Atlantique ;*

au Sud par le *détroit de Gibraltar* et la *Méditerranée;* au S. E. par la *Méditerranée*, l'*Archipel*, la *mer de Marmara*, la *mer Noire* et le *Caucase;* à l'Est par la *mer Caspienne*, le *fleuve Oural* et les *monts Ourals*.

Mers et détroits. L'océan Glacial forme la *mer Blanche;* il est obstrué par les glaces pendant plus de dix mois de l'année.

L'océan Atlantique forme la *mer du Nord*, la *mer Baltique*, la *mer d'Irlande*, la *Manche* et le *golfe de Gascogne*.

La *mer du Nord*, sauf sur les côtes de Norvège, est peu profonde; elle renferme des bancs de sable considérables, et de fréquents brouillards gêneraient la navigation sans les signaux de toute espèce établis par les puissances riveraines.

La *mer Baltique* forme les golfes de *Riga*, de *Finlande* et de *Bothnie*. Cette mer, presque fermée, ne communique avec la mer du Nord et les détroits du *Cattégat* et de *Skager-Rack* que par les passages, entre les îles danoises, du *Sund*, du *Grand-Belt* et du *Petit-Belt*.

La mer Baltique est encombrée par les glaces pendant plus de la moitié de l'année; ses côtes basses sont défavorables à une descente.

La *mer d'Irlande* est située entre l'Irlande et la Grande-Bretagne. On passe de cette mer dans l'océan Atlantique, au Sud par le *canal Saint-Georges*, au Nord par le *canal du Nord*.

La Manche et la mer du Nord sont réunies par le *Pas-de-Calais*.

Il est question de percer un tunnel sous le Pas-de

Calais pour relier par une voie ferrée la France à l'Angleterre.

L'océan Atlantique communique avec la Méditerranée par le *détroit de Gibraltar,* qui n'a que 14 kilomètres de largeur. Ce passage est défendu par les ouvrages réputés imprenables dont les Anglais ont garni le promontoire escarpé de Gibraltar.

La *Méditerranée* forme sur la côte de France le *golfe du Lion,* sur la côte d'Italie le *golfe de Gênes.* Elle comprend : la *mer Tyrrhénienne;* la *mer Ionienne,* avec les *golfes de Tarente* et *de Lépante;* la *mer Adriatique;* l'*Archipel* ou mer Egée, avec le *golfe de Salonique;* la *mer de Marmara,* la *mer Noire* et la *mer d'Azow.* Toutes ces mers offrent en général une grande profondeur, à l'exception de la mer Adriatique et surtout de la mer d'Azow.

Le *détroit de Messine,* entre l'Italie et la Sicile, fait communiquer la mer Tyrrhénienne avec la mer Ionienne. On passe de la mer Adriatique dans la mer Ionienne par le *canal d'Otrante,* de l'Archipel dans la mer de Marmara par le *détroit des Dardanelles,* de la mer de Marmara dans la mer Noire par le *canal de Constantinople* (Bosphore), de la mer Noire dans la mer d'Azow par le *détroit d'Iénikalé.*

Presqu'îles et caps. Les côtes de l'Europe sont très découpées. On trouve : au Nord, la *péninsule Scandinave,* avec le *cap Nord* dans la petite île de Mageroe, la *presqu'île du Jutland,* avec le *cap Skagen;* à l'Ouest, la *péninsule de Bretagne,* avec la *pointe Saint-Mathieu;* au S. O., la *péninsule Hispanique,* avec le *cap Finistère* au N. O. et le *cap Saint-*

Vincent au S. O.; au Sud, la *péninsule d'Italie*, qui se termine par les *presqu'îles de Calabre* et *d'Otrante*, avec les *caps Leuca* et *Spartivento;* la *péninsule Hellénique*, dont la presqu'île de *Morée*, avec le cap *Matapan*, forme l'extrémité méridionale ; au S. E., entre la mer d'Azow et la mer Noire, la *presqu'île de Crimée*.

Iles. Les îles principales sont : dans l'océan Glacial, la *Nouvelle-Zemble* et le *Spitzberg*, terres complètement désertes, et les *îles Lofoden*.

Dans l'océan Atlantique, vers le N. O. de l'Europe, l'*archipel des îles Britanniques*, comprenant la Grande-Bretagne, l'Irlande, les groupes des Hébrides, des Orcades, des Shetland, les îles de Man, d'Anglesey et de Wight. A l'Est de la Grande-Bretagne est le rocher fortifié d'*Helgoland* (aux Anglais), en face des embouchures de l'Elbe et du Weser.

Au Nord-Ouest des Shetland sont les îles *Fœroë*, et l'*Islande*, voisine du Groënland américain.

Dans la Manche sont les îles *Anglo-Normandes*, dont la plus grande est *Jersey*.

Entre le Cattégat et la mer Baltique se trouve l'*archipel Danois*.

Dans la mer Baltique sont des îles appartenant, soit aux Suédois, soit aux Russes ; parmi ces dernières sont les *îles d'Aland*, où se trouvait la forteresse de Bomarsund. On rencontre encore l'île de *Rugen* (aux Prussiens).

Dans la Méditerranée on remarque : à l'Est de l'Espagne, les *îles Baléares*, dont les deux plus grandes sont Majorque et Minorque ; près de l'Italie, les *îles de Sardaigne* et de

Corse, séparées par le détroit des Bouches de Bonifacio, l'*île d'Elbe*, la *Sicile*, l'*île de Malte* (aux Anglais), etc.

Dans la partie orientale de la mer Adriatique est l'*archipel Illyrien*. A l'ouest de la péninsule Hellénique gisent les *îles Ioniennes*, dont la principale est *Corfou*.

Dans l'Archipel se trouvent un grand nombre d'îles, dont les *Cyclades* et les *Sporades*. Au S. E. est *Candie*, la terre la plus méridionale de l'Europe.

MONTAGNES. (VUE GÉNÉRALE DU RELIEF DE L'EUROPE.)

Europe orientale. L'Europe orientale est une plaine presque uniformément plate. La partie la plus élevée de l'Europe orientale, et d'où se détachent les quelques ramifications insignifiantes qu'on y voit, est le *plateau de Waldaï*, qui ne dépasse pas 340 mètres de hauteur.

Europe occidentale. L'Europe occidentale a, au centre, un relief très élevé. Au Sud, elle va se terminer par trois presqu'îles montagneuses (Espagne, Italie, Grèce). Au Nord, elle finit par les plaines basses de l'Allemagne du Nord et des Pays-Bas.

Au Nord de ces plaines, la Grande-Bretagne et la péninsule Scandinave renferment des montagnes de moyenne élévation : ce sont les *monts Grampians* et *Cheviots* pour la Grande-Bretagne, les *Dofrines* pour la péninsule Scandinave.

(*Relief de la partie centrale.*) Les *Alpes* constituent le massif montagneux le plus considérable de l'Europe ; elles se composent d'une succession de massifs, séparés les uns des autres par de profondes coupures qui forment des passages entre les versants. Certains massifs renferment d'immenses glaciers et des sommets toujours couverts de neige qui dépassent 4.000 mètres de hauteur.

Le système des Alpes se développe des rivages de la Méditerranée jusqu'au Danube, en une immense courbe d'environ 1.500 kilomètres sur 120 à 300 kilomètres de largeur.

On les divise généralement en trois parties : les *Alpes occidentales*, les *Alpes centrales* et les *Alpes orientales*. (Voir carte de l'Europe centrale.)

1° Les *Alpes occidentales* s'étendent du *col de Cadibone*, près du golfe de Gênes, jusqu'au *massif du mont Blanc*. (Voir cinquième séance.) Elles séparent la région française de la région italienne, et se prolongent au Sud par les *Apennins* à travers la péninsule Italique.

2° Les *Alpes centrales*, sous les noms d'*Alpes Pennines*, d'*Alpes Lépontiennes* et d'*Alpes Rhétiques*, s'étendent du *massif du mont Blanc* jusqu'au *col du Brenner*. Elles renferment la plus longue suite de glaciers et de pics élevés.

Les *Alpes Pennines* servent en partie de frontière entre l'Italie et la Suisse; les sommets principaux sont ceux du Cervin et du Rosa ; les cols, ceux du *Grand Saint-Bernard* et du *Simplon*.

Les *Alpes Lépontiennes* renferment le massif du *Saint-Gothard*, d'où partent le Rhin, le Rhône et le Tessin. Ce massif, très tourmenté, est traversé par plusieurs routes qui font communiquer entre elles les vallées de ces fleuves. Bientôt une voie ferrée reliera, par le tunnel du Saint-Gothard, l'Italie à la Suisse et à l'Allemagne.

Les *Alpes Rhétiques* renferment, entre autres massifs considérables, celui du *Bernina;* le principal col est celui du *Brenner*, par lequel passe le chemin de fer de Milan à Munich et à Vienne.

Les Alpes centrales couvrent de leurs ramifications la plus grande partie de la Suisse (*Alpes Bernoises, Alpes Grises*), le Nord de l'Italie (*Alpes du Tyrol*) et une partie de la Bavière (*Alpes de Bavière*);

3° Les *Alpes orientales*, appelées quelquefois *Alpes Autrichiennes*, partent des Alpes centrales et s'étalent en forme d'éventail, en envoyant leurs rameaux au N. E. et à l'Est jusque près de Vienne et de Presbourg sur le Danube, et en allant rejoindre au S. E. par les *Alpes Carniques* et *Juliennes* les montagnes qui forment la péninsule Hellénique (*monts Balkans*, chaîne du Pinde).

Les principaux cols sont dans les Alpes Juliennes : celui d'*Adelsberg* par où passe le chemin de fer de Trieste à Vienne, et celui de *Tarvis*.

Relief à l'Ouest des Alpes. Les Alpes forment le nœud orographique le plus important de l'Europe; elles détachent à l'Ouest le *Jura*, que le Jorat et les Alpes Bernoises relient aux Alpes centrales. Au Nord du Jura sont les *Vosges* et les *Ardennes;* à l'Ouest et au S. O., les *Cévennes*, qui vont rejoindre les contreforts des *Pyrénées*.

Les *Pyrénées* se continuent jusqu'au cap Finistère, à l'extrémité Ouest de la péninsule Ibérique, et forment les talus du plateau de Castille, d'où se détachent, vers le Sud, les monts *Ibériques*, terminés par la *Sierra Névada*.

Relief au Nord des Alpes. Au Nord des Alpes, et s'y rattachant, se trouve le système des *montagnes d'Allemagne*. Jusqu'au Danube, c'est le *plateau de Barière;* aux sources de ce fleuve, c'est la *Forêt-Noire;* au Nord de ce cours d'eau, c'est le *Jura de Souabe*, le *Jura de Franconie*, le *Fichtelgebirge*, nœud orographique important, d'où se détachent une série de hauteurs qui vont finir au N. O. sur le Rhin et au Nord dans le massif *du Hartz* et dans les plaines de la Basse-Allemagne. C'est aussi du Fichtelgebirge que partent les différentes montagnes qui forment le quadrilatère de Bohême (*Forêt de Bohême*, *monts Métalliques*, *Sudètes*, hauteurs de Moravie).

Relief à l'Est des Alpes. — A l'Est des Alpes, et se rattachant aux Sudètes, se trouvent les *Carpathes*, longue chaîne de montagnes qui enveloppe la plaine de Hongrie; elles se terminent par les *Alpes de Transylvanie*. Les Carpathes sont flanquées au N. E. et au Nord de collines qui se perdent insensiblement dans les plaines de la Pologne.

Ligne de partage des eaux. La ligne de partage des eaux de l'Europe est formée par les *Sierras Ibériques*, les *Pyrénées*, les *Cévennes*, les *Faucilles*, le *Jura*, le *Jorat*, les *Alpes Bernoises*, les *Alpes centrales*, les *Alpes Grises*, la *Forêt-Noire*, le *Jura de Souabe* et de *Franconie*, les monts de *Bohême*, de *Moravie*, les *Sudètes*, les *Carpathes*, le dos de pays formé par les collines de Pologne, le *plateau de Waldaï* et les hauteurs insignifiantes qui relient ce plateau à la longue et étroite chaîne de l'Oural.

Fleuves. *Fleuves de l'Europe orientale*. Les principaux cours d'eau de l'Europe orientale ou de la Russie sont :

Pour l'océan Glacial : la ***Petchora*** et la ***Dwina.***

Pour la mer Baltique : la *Néva,* dont le cours n'est que de 75 kilomètres, mais qui sert de déversoir aux deux plus grands lacs de l'Europe (Onéga et Ladoga) : à son embouchure est *Saint-Pétersbourg;* la ***Duna,*** qui passe à Dunabourg et à Riga ; le *Niémen,* dont l'embouchure est en Allemagne.

Pour la mer Noire : le ***Dniester,*** qui prend sa source en Autriche dans les Carpathes et qui, en Russie, passe à Bender ; le *Dniéper,* qui arrose Kiew et reçoit la Bérésina.

Pour la mer d'Azow : le *Don.*

Pour la mer Caspienne : le *Volga,* le plus long fleuve de l'Europe. Il prend sa source au plateau de Waldaï, arrose Nijni-Novogorod, Astrakan, où il se jette dans la mer par de nombreuses bouches, au milieu d'un dédale d'iles bourbeuses.

Fleuves de la région Alpestre. Les torrents des Alpes alimentent quatre grands fleuves.

Au Sud : le *Pô,* qui va se jeter dans la mer Adriatique ; à l'Ouest, le *Rhône,* qui se rend à la Méditerranée ; au Nord, le *Rhin,* qui va dans la mer du Nord ; au N. E. et à l'Est, les grands affluents du ***Danube,*** qui, grossi de presque toutes les eaux des Alpes orientales, va se perdre dans la mer Noire.

Pô. Le Pô prend sa source au Nord du mont Viso, dans les Alpes Cottiennes (voir cinquième séance), et coule entre les Alpes et les Apennins en dessinant de nombreuses courbes au milieu de la plaine de l'Italie septentrionale. Le fleuve, pendant une partie de son cours, est retenu par des digues qui atteignent en certains endroits jusqu'à 15 et 20 mètres d'élévation. Vers son embouchure le Pô forme un vaste delta marécageux qui se confond avec celui de l'Adige.

Le Pô passe à Staffarde, Turin, Casal, Valence, Plaisance, Crémone, Guastalla, Borgoforte; après ce dernier point commencent les dérivations du delta : la branche principale (Pô di Maestro) passe à Magdalena; une autre branche (Pô di Primaro) passe à Ferrare.

Affluents de la rive gauche du Pô. Les affluents de la rive gauche du Pô viennent des hautes montages des Alpes et sont sujets à de fortes crues. La plupart de leurs vallées ouvrent des passages dans les montagnes.

Ce sont, d'abord, la *Dora Riparia,* qui sort des Alpes par le col du mont Genèvre, et la *Dora Baltea,* dont les deux sources ouvrent les cols du Petit et du Grand Saint-Bernard; puis des cours d'eau plus importants : le *Tessin,* qui part du Saint-Gothard et qui, après avoir formé le lac Majeur, passe à Pavie ; l'*Adda* (dont la vallée supérieure s'appelle Valteline), qui forme le lac de Côme et passe à Lodi et à Pizzighettone; le *Mincio,* qui arrose Peschiera à sa sortie du lac de Garde et passe à Mantoue.

L'*Adige,* quoique faisant partie du bassin du Pô, n'est pas à proprement parler un affluent de ce cours d'eau. Par sa vallée supérieure, l'Adige fait communiquer l'Italie avec l'Autriche; il arrose Trente, Vérone et Legnago.

A l'Est de l'Adige se trouvent encore la Brenta, la Piave, etc.

Affluents de la rive droite du Pô. Les affluents de la rive droite du Pô, n'étant pas entretenus par des neiges perpétuelles et des glaciers, sont des torrents presque entièrement à sec pendant l'été.

Le principal est le *Tanaro*, dont les affluents établissent des communications entre la plaine du Pô et la Provence. Le Tanaro reçoit : à gauche, la Stura, qui ouvre la route du col de l'Argentière et passe à Coni ; à droite, la Bormida, qui arrose Alexandrie.

Rhône. Le *Rhône* prend sa source dans le massif du Saint-Gothard. Sa vallée supérieure jusqu'au lac de Genève est très resserrée ; les routes du Simplon et du Grand Saint-Bernard viennent y déboucher. Il passe à Martigny, sort à Genève du lac de ce nom et entre en France.

Rhin. (Voir, pour le cours du fleuve et les affluents de gauche, carte de la France, frontière N. E.) Le *Rhin* est formé de la réunion d'un grand nombre de torrents qui descendent des massifs du Saint-Gothard. Le fleuve coule d'abord en Suisse, dans une étroite vallée, jusqu'au lac de Constance, dont les bords appartiennent à trois puissances différences (Autriche, Allemagne, Suisse). A sa sortie du lac, le Rhin abandonne la direction du Nord et se recourbe vers l'Ouest. Il passe à Schaffouse, nœud des principales routes qui tournent la Forêt-Noire et le Haut-Danube, et traverse les villes forestières en formant jusqu'à Bâle la limite politique de la Suisse.

Du lac de Constance jusqu'à Bâle, le cours du fleuve est parsemé d'écueils.

Au-dessous de Bâle, le Rhin se dirige de nouveau vers le Nord et devient fleuve allemand. Son lit, d'abord large, couvert de hauts-fonds et parsemé d'îles, est endigué pour protéger la plaine contre les crues auxquelles il est sujet.

Au-dessous de Mayence, le fleuve est rapide et profond ; ses bords sont escarpés.

Enfin, avant d'arriver à Cologne, il sort de son long défilé, coule de nouveau en terrain plat, entre dans les Pays-Bas en se recourbant vers l'Ouest et se partage en plusieurs bras pour se jeter dans la mer du Nord (Yssel, Vieux-Rhin, Lech, Wahal).

En Allemagne, le Rhin passe à Huningue, Neubourg, Vieux-Brisach, Strasbourg, Maxau, Germersheim, Spire, Manheim, Mayence, Coblentz, Cologne, Hamm, Dusseldorf, Wesel.

Affluents de la rive gauche du Rhin. Le principal affluent de gauche, en Suisse, est l'*Aar,* qui reçoit la Reuss et la Limmat. Ces cours d'eau, ainsi que les autres affluents du Rhin dans cette contrée, servent de déversoirs aux nombreux lacs de la région (lacs de Neuchâtel, des Quatre-Cantons, de Zurich, etc.).

En Allemagne, le Rhin reçoit sur sa rive gauche l'*Ill,* qui arrose Mulhouse, Schelestadt et Strasbourg ; la *Moder,* qui baigne Haguenau et qui se grossit de la Zorn ; la *Lauter,* qui avant 1870 servait de frontière à la France ; la *Nahe ;* la *Moselle,* dont une partie du bassin est française.

Affluents de la rive droite du Rhin. Le Rhin reçoit, à droite, de petits affluents qui ouvrent les défilés de la Forêt-Noire (l'*Elz* et la *Kintzig*), et des rivières plus considérables : le *Neckar ;* le *Mein,* qui passe à Wurtzbourg, Hanau et Francfort.

Danube. Le *Danube* est, par sa longueur, le second fleuve de l'Europe ; il est formé par la réunion de deux ruisseaux de la Forêt-Noire, mais il recueille l'eau de toutes les rivières qui descendent des hautes vallées des Alpes vers le Nord.

La vallée du Haut-Danube, depuis ses sources jusqu'à Ulm, forme un défilé continu ; la place d'Ulm, camp retranché de l'Allemagne, garde ce défilé. Le Danube passe ensuite au camp retranché d'Ingolstadt ; à Ratisbonne, où il abandonne la direction du N. E. pour se diriger au S. E. Il arrose Passau, entre en Autriche par un étranglement de plusieurs kilomètres, passe à Linz, à *Vienne*, capitale de l'Autriche. Le fleuve coule alors dans un lit tout à fait plat, coupé d'îles nombreuses (Lobau). Il entre en Hongrie par le défilé de Presbourg, passe à Comorn, prend la direction du Sud, arrose Buda-Pesth et s'échappe de la Hongrie en traversant une succession de défilés et en glissant sur des récifs qui rendent sa navigation à peu près impossible (Portes de Fer). Il coule enfin vers l'Est dans une vaste plaine, en formant la limite entre la Bulgarie et la Roumanie, passe à Roustchouk et se jette dans la mer Noire, en formant au milieu d'un pays marécageux un vaste delta.

Affluents de la rive droite du Danube. Les principaux affluents du Danube sont : sur la rive droite, le *Lech*, qui passe à Augsbourg ; l'*Isar*, qui arrose Munich ; l'*Inn*, dont la vallée supérieure porte le nom d'Engadine (Suisse) et dont la vallée moyenne forme le Tyrol allemand (Autriche) ; l'Inn passe à Insprück, au débouché du col du Brenner, et finit à Passau.

Le Danube reçoit encore sur sa rive droite le Raab, la Drave, la Save et la Morava.

Affluents de la rive gauche du Danube. Les principaux affluents de la rive gauche sont : la *March* ou la *Morava*, qui passe à Olmutz; la *Theiss*, qui arrose Szegedin; le *Pruth*.

Fleuves de l'Europe occidentale entre les Pyrénées et le Rhin. Les fleuves de l'Europe occidentale entre les Pyrénées et le Rhin appartiennent, soit en entier, soit en partie, à la France. Ce sont : la *Garonne*, la *Loire*, la *Seine*, l'*Escaut*, la *Meuse*.

Fleuves de l'Europe centrale à l'Est du Rhin. Les fleuves de l'Europe centrale à l'Est du Rhin sont :

Pour la mer du Nord : l'*Ems*, qui coule en Allemagne dans une région en grande partie marécageuse; le *Weser*, fleuve allemand formé de la réunion de la Werra et de la Fulda, qui passe à Minden et à Brême (ville libre); l'*Elbe*, dont le bassin supérieur (Bohême) appartient à l'Autriche, qui passe à Kœniggratz et qui, après son entrée en Allemagne par l'étroit défilé de Schandau, arrose Dresde, Magdebourg et Hambourg, grand port commerçant.

L'Elbe reçoit à gauche la Saale, dont un affluent, l'Elsfer, passe à Leipzig.

Pour la mer Baltique : l'*Oder*, qui part des monts Sudètes en Autriche. Il arrose en Allemagne Breslau, Glogau, Francfort, Custrin, Stettin, et reçoit à droite la Wartha, qui passe à Posen; la *Vistule*, qui descend des monts Carpathes, passe en Autriche à Cracovie, en Russie à Ivangorod, à Varsovie, à Novo-Georgiewsk, en Allemagne à Thorn, et se divise en deux bras dont l'un passe à Dantzig.

Fleuves de la péninsule Ibérique. Les fleuves de la péninsule Ibérique sont en général encaissés; ils roulent peu d'eau. Ce sont pour l'océan Atlantique : le *Douro ;* le *Tage*, le plus long des fleuves de la péninsule, qui forme la magnifique rade de Lisbonne; la *Guadiana,* dont le cours inférieur forme la limite entre le Portugal et l'Espagne; le *Guadalquivir.*

L'*Èbre* va dans la Méditerranée.

Fleuves de la péninsule Italique. Au Sud de la vallée du Pô, les cours d'eau sont peu importants. On trouve, du côté de la mer Tyrrhénienne : l'*Arno,* qui baigne Florence, et le *Tibre,* qui traverse Rome.

Dans la *péninsule Hellénique,* le principal cours d'eau est la *Maritza,* qui se jette dans l'Archipel.

Les principaux fleuves des *îles Britanniques* sont : la *Severn;* la *Mersey,* avec le port de Liverpool; la *Tamise,* avec le port de Londres.

La *péninsule Scandinave* ne renferme aucun fleuve propre à la navigation. Des canaux mettent en communication avec le Cattégat et la mer Baltique les grands lacs de la région méridionale (lacs Wetter, Wener).

POPULATION DE L'EUROPE.

L'Europe compte environ 315 millions d'habitants.

Cette population peut se diviser en trois groupes principaux et quelques groupes secondaires.

Le *premier groupe* est formé par les populations latines,

ainsi appelées en mémoire de la civilisation romaine dont ces peuples sont encore imprégnés. Il occupe presque tout l'Occident du continent européen et la plus grande partie des péninsules qui s'avancent dans la Méditerranée. Il compte environ 99 millions d'individus (Italiens. Français, Espagnols, Portugais, Roumains, Suisses, Belges).

Le *deuxième groupe* est celui des peuples de langue germanique, habitant le Centre et le Nord de l'Europe ; il comprend environ 66 millions d'habitants (Allemands, Suisses, Hollandais. Flamands. Suédois. Norvégiens, Danois).

Le *troisième groupe* est celui des Slaves, habitant l'Est de l'Europe et une grande partie de la péninsule des Balkans ; il compte environ 85 millions d'hommes (Russes, Bulgares, Serbes, Dalmates, Monténégrins).

A ces trois groupes on peut ajouter les groupes secondaires des

Grecs,
Anglo-Saxons,
Madgyars ou Hongrois,
Finnois,
Turcs,
Basques, etc.

Religions. Trois religions principales se partagent l'Europe :

1° La religion *romaine* compte le plus grand nombre d'adhérents. Elle domine en Espagne, en Portugal, en Italie, en France, en Autriche et dans certaines parties de l'Allemagne ;

2° La religion *protestante*, divisée en plusieurs sectes, s'étend sur la Grande-Bretagne, la Suède, l'Allemagne, la plus grande partie de la Suisse ;

3° La religion *grecque*, partagée en Église grecque et en Église russe, est la religion dominante des populations slaves.

En dehors de la religion chrétienne, on compte encore en Europe quelques millions de mahométans et quelques millions d'israélites.

On trouve dans le Nord de la Russie et de la Scandinavie quelques tribus idolâtres.

États. La population de l'Europe est divisée en 18 États indépendants : quinze forment des monarchies constitutionnelles ; deux (la France et la Suisse) sont en république ; un (la Russie) constitue une monarchie absolue.

Six Etats ont une population de plus de 25 millions d'habitants. Ils forment les six grandes puissances de l'Europe, ce sont :

La Russie, avec plus de 80 millions d'habitants ;
L'Allemagne, avec plus de 44 millions d'habitants ;
L'Autriche-Hongrie, avec 38 millions d'habitants ;
La France, avec plus de 37 millions d'habitants ;
L'Angleterre, avec plus de 32 millions d'habitants ;
L'Italie, avec plus de 28 millions d'habitants.

Puissance militaire des différents États de l'Europe. Le chiffre de la population ne peut pas donner une idée exacte de la puissance militaire d'un pays, car cette force n'est que le produit d'un grand nombre de facteurs dont les principaux sont avec la population, le caractère national, l'organisation de l'armée, la richesse du pays, etc.

ALLEMAGNE.

L'Allemagne a une superficie de 544.000 kilomètres carrés.

L'empire allemand a été constitué à la suite des désastres de la France dans la guerre de 1870-71.

A l'empire germanique, détruit par les victoires de la Révolution et du premier Empire, avait succédé, créée par les traités de Vienne, la Confédération germanique, dont l'Autriche faisait partie. En 1866, l'Autriche, vaincue par la Prusse, fut éliminée, et les États allemands se partagèrent en Confédération du Nord, sous la tutelle de la Prusse agrandie, et en Confédération du Sud. Ce sont ces deux confédérations qui, depuis 1871, forment sous l'autorité directe de la Prusse l'empire d'Allemagne.

Cet empire, de 44 millions d'habitants, est une agrégation d'États qui, unis sous la puissance de la Prusse, conservent cependant le droit de régler eux-mêmes une partie de leurs affaires intérieures.

La direction de la politique et des affaires d'intérêt commun appartient à l'empereur d'Allemagne (roi de Prusse), qui est assisté d'une chancellerie fédérale, d'un conseil fédéral et d'un parlement.

Les principaux États de l'empire sont :

1° Dans l'Allemagne du Nord : le royaume de Prusse, avec les huit anciennes provinces (Prusse, Posnanie, Silésie, Poméranie, Brandebourg, Saxe, Westphalie, province du Rhin) ; et les provinces conquises en 1866 (duché

4.

de Lauenbourg, Schleswig-Holstein, Hesse, Nassau, Hanovre) ; le royaume de Saxe ; les deux grands-duchés de Mecklembourg et le grand-duché d'Oldenbourg ; 13 autres petits États (duché de Brunswick, grand-duché de Saxe-Weimar, etc.) ; et trois villes libres (Hambourg, Brême, Lubeck).

2° Dans l'Allemagne du Sud, c'est-à-dire au sud du Mein, le grand-duché de Hesse-Darmstadt, dont une partie est dans l'Allemagne du Nord ; le grand-duché de Bade ; le royaume de Wurtemberg ; le royaume de Bavière, le plus important des États allemands après la Prusse.

3° L'Alsace-Lorraine, administrée d'une manière particulière par le gouvernement impérial.

Les villes principales de l'empire d'Allemagne sont : *Berlin*, capitale de la Prusse et de l'Empire, sur la Sprée, sous-affluent de l'Elbe ; Hambourg, le plus grand port de l'Allemagne ; Munich, capitale de la Bavière ; Dresde, capitale de la Saxe ; Breslau, en Silésie ; Francfort-sur-le-Mein, Cologne, Magdebourg, Kœnigsberg, Leipzig, Hanovre.

Quoique possédant une assez grande quantité de régions fertiles (vallée du Neckar, plaine de Bade, Saxe, etc.), et bien que son sol soit en général fort bien aménagé, l'Allemagne arrive à peine à nourrir ses nombreux habitants. Du reste, plus du quart de son territoire est couvert de forêts, et les plaines de la mer Baltique et de la mer du Nord, là où elles ne sont pas boisées, présentent de grandes étendues de sable, des landes, des tourbières entrecoupées de marécages.

Pour le commerce et l'industrie, l'empire allemand occupe une des premières places parmi les nations de l'Europe.

Au point de vue militaire, l'Allemagne est au premier rang. Sa position au centre de l'Europe, la solide organisation de son armée, le sentiment national très vif et très habilement entretenu en faveur de la patrie allemande, la grande capacité de travail de ses peuples, font de l'Allemagne une formidable puissance militaire. Tout chez elle est préparé pour la guerre.

Beaucoup moins riche que l'Angleterre et que la France, l'Allemagne s'est réservé un trésor de guerre prélevé sur l'indemnité payée par la France en 1871. Pour la concentration de ses armées, elle a créé ou achève un réseau de chemins de fer excessivement puissant; elle construit des lignes télégraphiques souterraines qui relient d'une manière plus certaine les principales villes de l'empire, les places fortes et les ports de guerre.

Enfin elle s'efforce, par l'augmentation de sa flotte de guerre, par l'amélioration de ses ports, par le soin qu'elle apporte à la constitution de ses cadres de l'armée de mer, de devenir puissance maritime.

Armée. — L'organisation de l'armée allemande repose sur le service militaire obligatoire et personnel (armée active, 3 ans; réserve, 4 ans; landwher, 5 ans; landsturm, 10 ans). Le recrutement est régional. L'armée comprend 17 corps d'armée, plus le corps de la garde.

D'après la dernière loi militaire de 1880, l'armée allemande doit comprendre sur le pied de paix environ 427,000 hommes; sur le pied de guerre, sans compter la landsturm, elle disposera environ de 1.540.000 hommes.

Frontières. — A l'Ouest, l'Allemagne touche à la France, à la Belgique et à la Hollande; contre la France, elle est projetée par deux lignes parallèles d'obstacles naturels, les Vosges et le Rhin. (Voir séance IV.)

Au Sud, l'Allemagne a pour voisines la Suisse et l'Autriche. Le Rhin, de Bâle à Constance, la sépare de la première; en arrière de cette ligne se trouvent les places du Danube (Ulm, Ingolstadt).

La frontière de l'Allemagne et de l'Autriche correspond généralement à des obstacles naturels sérieux, qui ne sont traversés que par des défilés longs et faciles à défendre. Les principales forteresses de cette frontière sont Neisse et Kœnigstein.

La frontière de l'Est, ou frontière de Russie, protégée en partie par les marécages et les terrains boisés de la Prusse orientale, est défendue en outre par les places de Glogau, Posen, Thorn et Kœnigsberg.

Dans l'intérieur, couvrant Berlin, on trouve, outre Spandau, qui sert de citadelle à la capitale, Magdebourg à l'Ouest et Custrin à l'Est.

Au Nord, les bornes de l'Allemagne sont la mer Baltique, le Danemark et la mer du Nord.

Etablissements maritimes. — Marine. — Les ports et les établissements maritimes de l'Allemagne, presque tous situés au fond des baies ou sur les estuaires des fleuves, sont protégés par la nature même des côtes et par des ouvrages de fortification.

Les principaux établissements ou points fortifiés sont : sur la Baltique : Memel, Pillau, *Dantzig*, Swinemunde,

Stralsund, *Kiel,* sur la mer du Nord ; *Wilhelmshafen* et Cuxhaven.

La marine allemande a été créée depuis 1867 : elle compte aujourd'hui 22 bâtiments cuirassés ; en 1882, elle doit en comprendre 29, dont 13 canonnières pour les côtes.

ANGLETERRE.

Le royaume-uni de la Grande-Bretagne et d'Irlande, désigné souvent sous le nom d'îles Britanniques, est composé :

1° Du royaume d'Angleterre, avec le pays de Galles ;

2° Du royaume d'Écosse ;

3° De l'Irlande.

Ce royaume a une superficie de 317,000 kilomètres carrés et une population de 32 millions d'habitants. Il est divisé en comtés. L'île de Man et les îles Anglo-Normandes (Jersey, Guernesey, etc.) ont une administration particulière.

La capitale du royaume est *Londres,* port sur la Tamise, la ville la plus peuplée et la plus commerçante du globe (3,251,000 habitants). Les villes principales sont : Dublin, ancienne capitale de l'Irlande : Edimbourg, ancienne capitale de l'Écosse ; Liverpool, sur l'estuaire de la Mersey ; Glasgow, Manchester, Birmingham, Leeds, etc., etc.

L'Angleterre est la puissance la plus riche du monde, et les ressources énormes de son budget lui donnent une situation privilégiée parmi les États européens.

Sa flotte de guerre, comprenant plus de 60 bâtiments cuirassés et 60,000 marins, la possession des principaux passages maritimes dans les différentes parties du monde, ses nombreuses stations dans toutes les mers, enfin ses immenses colonies, font de l'Angleterre la première puissance maritime et coloniale du monde. La reine d'Angleterre, impératrice des Indes, domine sur près de 20 millions de kilomètres carrés et sur plus de 280 millions d'âmes.

Armée. — L'armée anglaise se recrute exclusivement par voie d'engagements volontaires. Elle comprend l'armée permanente, la milice (qui n'est pas tenue de servir hors du territoire) et les corps de volontaires.

Les engagements dans l'armée permanente sont de douze ans.

Ces institutions fournissent à l'Angleterre environ 500,000 soldats, dont 200,000 environ peuvent être employés hors du territoire. Environ 90,000 de ces derniers sont détachés dans les diverses colonies, pour y renforcer les troupes indigènes, qui peuvent être évaluées à 170,000 hommes. Les troupes indigènes sont en principe exclusivement chargées de la garde de leur pays respectif.

Organisation défensive. — Malgré leur puissante marine, les Anglais ont voulu mettre leurs côtes à l'abri d'une descente et protéger leurs grands établissements maritimes.

Ils ont accumulé les défenses à l'entrée de la Tamise, autour des grands ports militaires de la Manche (Plymouth et Portsmouth), sur le rivage du Pas de Calais, le plus rapproché du continent et à l'entrée du canal Saint-Georges.

Outre ces fortifications, la protection des côtes est encore assurée par une défense mobile composée, sur mer, de l'escadre garde-côtes; sur terre, des corps de soldats garde-côtes.

La très grande quantité de voies ferrées qui couvrent le pays faciliterait la concentration pour la défense.

AUTRICHE-HONGRIE.

Cette puissance se divise en deux parties, avec deux administrations tout à fait distinctes : l'empire d'Autriche et le royaume de Hongrie. Par l'étendue de son territoire et le nombre de ses habitants, l'Autriche-Hongrie est le troisième parmi les grands Etats de l'Europe. Il comprend 622.500 kilomètres carrés et 37.500.000 habitants, sans compter la Bosnie et l'Herzégovine, provinces turques administrées depuis 1878 par l'Autriche.

Les principaux pays de la couronne d'Autriche ou pays cisleithans (à l'Ouest de la Leitha, affluent du Danube) sont : l'archiduché d'Autriche, vaste et riche sillon entre les Alpes et les montagnes de Bohême, comprenant la haute et la basse Autriche ; les provinces de la région alpestre (Styrie, Carinthie, Tyrol); les provinces du littoral de l'Adriatique, séparées des campagnes du Nord par le multiple rempart des Alpes; la Bohème, la Moravie, avec leurs hautes terrasses d'une extrême fertilité ; la Galicie, fertile, mais peu cultivée, se rattachant par sa structure et son climat à l'Europe orientale.

Le principal pays transleithan (à l'Est de la Leitha) est la Hongrie. Cette contrée, entourée de montagnes de tous côtés, traversée par le Danube et la Theiss, offre les plus grands contrastes. La civilisation y côtoie la barbarie, et à côté des terres les plus fertiles on rencontre des marécages, des déserts et des pâturages à perte de vue où vivent de grands troupeaux de bœufs et de chevaux. Les plaines de la basse Hongrie sont exposées à des inondations désastreuses.

Les autres pays transleithans, encore très arriérés sous tous les rapports, sont la Croatie, l'Esclavonie; la Transylvanie, etc.

Les villes principales de l'Autriche-Hongrie sont : *Vienne*, capitale de l'empire; Buda-Pesth, capitale de la Hongrie; Prague, capitale de la Bohême.

L'empereur d'Autriche est le chef du gouvernement; il partage l'autorité avec le Conseil d'empire (Reichsrath) et la Diète hongroise (Reichstag).

L'Autriche-Hongrie n'a aucune unité; les Slaves, les Allemands, les Madgyars, les Roumains, les Italiens, qui forment sa population, diffèrent de langue, de mœurs et de religion.

Au point de vue financier, la situation de l'empire est peu favorable, et le crédit de l'Etat est peu solide.

Les voies de communication et les chemins de fer sont assez nombreux, surtout dans les pays cisleithans; depuis quelques années, le système des chemins de fer hongrois a été beaucoup développé.

Organisation militaire. — L'organisation de l'armée austro-hongroise repose sur le service militaire obligatoire et personnel (armée active, trois ans; réserve, sept ans; landwehr, deux ans). Le recrutement est régional.

L'effectif de l'armée est, sur le pied de paix, d'environ 280,000 hommes ; sur le pied de guerre, de 1,120,000 hommes environ.

Frontières. — Les frontières de l'Autriche, protégées en général par des obstacles naturels, ne sont défendues que par des places fortes qui ne sont pas à la hauteur des progrès réalisés dans ces dernières années.

Au Sud et à l'Ouest, l'Autriche est séparée de l'Italie de la Suisse et de l'Allemagne par les Alpes, l'Inn et par les montagnes qui se trouvent à l'Ouest de la Bohême. Des forts d'arrêt barrent les routes qui traversent ces obstacles.

Au Nord, les montagnes (monts Métalliques, Sudètes) forment contre l'Allemagne un obstacle moins impénétrable ; on trouve de ce côté les places de Theresienstadt en Bohême, et d'Olmutz en Moravie.

Contre la Russie, au Nord et au N. C., aucun obstacle naturel ne protège la Galicie. Les places fortes de Cracovie et de Przemysl défendent cette province ; en arrière se dressent les Carpathes, qui couvrent la Hongrie.

Les Alpes de Transylvanie, le Danube, la Save et les massifs montagneux de la Bosnie et de l'Herzégovine séparent la Roumanie, la Serbie et l'empire Ottoman des provinces austro-hongroises.

Etablissements maritimes. — Flotte. — Sur les côtes orientales de l'Adriatique, seuls débouchés maritimes de l'Autriche, on trouve le grand port de guerre de Pola, Trieste, Zara, Raguse, Cattaro. Tous ces établissements maritimes, défendus par des ouvrages de fortification, sont en outre protégés par les difficultés qu'offre la navigation sur les côtes de l'Adriatique.

La flotte autrichienne, composée de 13 navires cuirassés, est bien équipée et montée par d'excellents marins.

ITALIE.

Le royaume d'Italie a une superficie de 296,000 kilomètres carrés et compte plus de 28 millions d'habitants. Il comprend la Haute Italie, constituée en partie par la plaine du Pô ; l'Italie péninsulaire et un certain nombre d'iles, dont les principales sont : la Sicile, la Sardaigne et l'ile d'Elbe.

Ce royaume fut constitué à la suite de la campagne de 1859 par la réunion sous la couronne de Sardaigne, qui devint couronne d'Italie, de la plupart des Etats de la péninsule italique (Etats sardes, Toscane, royaume de Naples). En 1866, le roi d'Italie reçut la Vénétie, et en 1870 il occupa Rome, dernier reste des Etats de l'Eglise.

Les villes principales sont : *Rome,* capitale actuelle du royaume d'Italie ; Naples, ancienne capitale du royaume des Deux-Siciles ; Milan, Turin, Palerme, Gènes, Florence, Venise.

La Haute Italie ou Italie septentrionale (Piémont, Lombardie, Vénétie, Emilie, Ligurie) est comprise entre les Alpes et les Apennins qui la bordent au Sud de leurs longs remparts, la population de cette région est à peine inférieure en nombre à celle du reste de l'Italie.

Les nombreux cours d'eau, les canaux artificiels, les rizières, les vignes, les haies, les villes, les fermes, font de cette contrée, excessivement riche et fertile, un pays très embarrassé dans lequel la vue ne peut souvent s'étendre au delà de quelques centaines de pas.

Les inondations du Pô et des miasmes provenant des irrigations rendent le climat malsain dans bien des endroits.

L'Italie péninsulaire est partagées par les Apennins en deux versants, et les ramifications de cette chaine partagent le pays en une foule de petites vallées abruptes. Sauf vers le Sud, où se trouvent les régions montagneuses de la Calabre, le versant de la mer Tyrrhénienne renferme les plaines les plus vastes et les plus fertiles.

Les côtes de l'Italie péninsulaire sont en général malsaines, marécageuses et difficilement abordables.

L'Italie dispose de grandes ressources, grâce aux richesses de son sol et à ses industries diverses, mais ses finances sont en mauvais état.

Armée. — L'organisation de l'armée italienne repose sur le service militaire obligatoire et personnel (armée active, trois ans (1); réserve, cinq ans; milice mobile, quatre ans; milice territoriale, douze ans).

L'armée italienne, divisée en dix corps d'armée, est, sur le pied de paix, d'environ 200,000 hommes; sur le pied de guerre elle compterait environ 950,000 hommes.

Frontières. — Au Nord, l'Italie est protégée contre la France, la Suisse et l'Autriche par l'épaisse muraille des

(1) Les hommes de la cavalerie restent quatre ans dans l'armée active, mais ils passent immédiatement dans la milice territoriale après leurs cinq ans de réserve.

Alpes. Les passages dans ces montagnes sont défendus par des forts d'arrêt.

Des troupes spéciales (compagnies alpines) sont chargées de la surveillance permanente et de la défense de tous les passages des Alpes.

Les principales places fortes de l'Italie septentrionale sont : Alexandrie, Bologne, Gênes, Mantoue, Plaisance, Venise, Vérone.

Établissements maritimes. — Flotte. — La flotte de guerre, dont l'importance croît chaque jour, se compose de 13 cuirassés.

Les principaux établissements maritimes sont : sur l'Adriatique, Venise, Brindisi ; sur la mer Ionienne, Tarente ; sur la mer Tyrrhénienne, la Spezzia, le grand port de guerre de l'Italie, Livourne, Civita-Vecchia.

Les côtes de la Sicile sont défendues par de nombreux ouvrages.

Le réseau des chemins de fer italiens est assez complet ; mais la plupart de leurs lignes sont à une voie.

RUSSIE.

L'ensemble des territoires soumis à l'empereur de Russie comprend un peu moins du sixième des espaces continentaux ; il s'étend sur toute l'Europe orientale et sur plus d'un tiers de l'Asie.

La Russie d'Europe a une superficie de plus de 5,500,000 kilomètres carrés, et sa population est de plus de 80 millions d'âmes.

La véritable Russie, celle où se trouvent réunies les

ressources sérieuses en hommes et en richesses, comprend environ le huitième du territoire total de l'empire. Cette partie est à peu près limitée, au Nord et à l'Est, par le cours du Volga ; au Sud, par les steppes riverains de la mer Noire ; à l'Ouest, par la Roumanie, l'Autriche, l'Allemagne ; au Nord-Ouest, par les bords du golfe de Finlande et l'embouchure de la Néva (1).

Les villes principales de la Russie d'Europe sont : *Saint-Pétersbourg*, capitale de l'empire ; Moscou ; Varsovie, ancienne capitale de la Pologne ; Odessa, Riga, etc.

Les voies ferrées et surtout les routes sont encore peu nombreuses dans ce pays.

Les finances de l'empire Russe sont en mauvais état, et malgré les grandes richesses de la Russie, encore imparfaitement exploitées, le crédit de cet empire n'est pas bien établi.

Armée. — L'organisation militaire en Russie repose sur le service obligatoire et personnel (armée active, six ans ; réserve, neuf ans ; milice, quatre ans).

L'armée comprend seize corps d'armée. Ces institutions mettent à la disposition de l'empereur un nombre d'hommes formidable. Sur le pied de paix, l'armée russe compte environ 800,000 hommes ; sur le pied de guerre, elle compterait environ 1,700,000 hommes de troupes régulières, auxquelles il faudrait ajouter 200,000 cosaques et cavaliers irréguliers. De plus, la milice fournirait plus de 1 million d'hommes.

Mais, à cause de la grande étendue du territoire et de

(1) E. Reclus.

la difficulté de réunir les hommes dans un pays où les voies de communication sont très insuffisantes, il semble bien difficile que l'empire Russe puisse réunir, pour une campagne, des armées plus nombreuses que celles des autres grandes puissances de l'Europe.

Frontières. — La principale défense de l'empire Russe réside dans les vastes plaines désertes, improductives, en partie marécageuses, qui bordent la plus grande partie de ses frontières et qui s'avancent au loin dans l'intérieur du pays.

Les principales places fortes sont : sur la Vistule, Nowo-Georgiewsk, le camp retranché de Varsovie et Ivangorod ; en arrière se trouve Brest-Litewski.

Etablissements maritimes. — *Flotte.* — La flotte russe compte 29 cuirassés ; mais les vaisseaux de la Baltique, de la mer Noire et du Grand Océan pourraient bien difficilement se réunir.

Les principaux points fortifiés sur les côtes sont : dans la mer Baltique, Kronstadt, vaste établissement maritime installé sur un groupe d'îles et protégeant Saint-Pétersbourg ; dans la mer Noire, les batteries d'Odessa, le camp retranché de Nicolaïew, Sébastopol, Kertch.

ESPAGNE.

L'Espagne occupe plus des cinq sixièmes de la péninsule Ibérique et comprend plus de 500.000 kilomètres carrés ; elle se compose en grande partie de plateaux élevés et arides. Les vallées, au contraire, sont remarquables par leur végétation.

Les voies de communication sont peu nombreuses.

L'intérieur du pays, à cause de ses plateaux et de ses montagnes, offre une grande diversité sous le rapport du sol, du climat et des mœurs. La plus grande partie de la population, qui compte 16 millions 1/2 d'habitants, s'est portée sur les côtes.

Les villes principales de l'Espagne sont : *Madrid*, au centre du royaume, au milieu d'un plateau aride ; Barcelone, Séville, Valence, Cadix, Saragosse, Grenade, Malaga.

L'Espagne commence à sortir du désarroi général où l'avaient plongée les nombreuses crises qu'elle a traversées.

Armée. — Son armée, comprenant l'armée active et la réserve, est, sur le pied de paix, d'environ 100,000 hommes ; sur le pied de guerre, elle compterait environ 300,000 combattants.

La flotte espagnole se compose de 9 bâtiments cuirassés.

Les chemins de fer rayonnent de Madrid vers les principales cités du littoral ; deux voies ferrées traversent la frontière des Pyrénées.

PORTUGAL.

Le Portugal occupe la partie occidentale de la péninsule Ibérique. Il est séparé de l'Espagne par de hautes montagnes et par une partie du cours de la Guadiana.

Les villes principales du Portugal sont *Lisbonne*, capitale du royaume, et O'Porto.

Pays montagneux, riche et très bien cultivé au Nord du Tage, il offre au Sud de cette rivière de vastes solitudes qui ne disparaissent que sur le versant méridional de l'Océan.

Ce royaume fait avec l'Angleterre un grand commerce (vins et fruits). Le réseau des routes et des chemins de fer commence à prendre assez de développement.

Armée. — L'organisation de l'armée portugaise repose sur le service obligatoire. Le service est de trois ans. Sur le pied de paix, l'armée portugaise est d'environ 30,000 hommes ; sur le pied de guerre, elle compterait environ 78,000 hommes.

La marine militaire du Portugal est insignifiante (1 frégate cuirassée).

SUISSE.

La Suisse, placée entre la France, l'Allemagne, l'Autriche et l'Italie, a une grande importance au point de vue militaire. Elle permettrait à la France de tourner les défenses de l'Italie ; elle lui permettrait également de pénétrer en Allemagne par les villes forestières, en évitant la barrière du Rhin et la Forêt-Noire. En 1815, les grandes puissances, soucieuses de se garantir contre une agression de la France, formèrent, sous la garantie du droit européen, la Suisse en État neutre.

Depuis, l'Allemagne et l'Italie sont devenues de puissants États militaires, et cette neutralité est à notre avantage, car elle empêcherait la réunion des forces de ces deux puissances dans le cas d'une alliance contre nous.

La Suisse a une superficie de 41.000 kilomètres carrés et compte environ 2 millions 1/2 d'habitants.

La région s'étendant du lac de Genève au lac de Constance, comprise entre le Jura au Nord et à l'Ouest et le pied des grandes Alpes au Sud et au S. E., porte le nom de *plaine suisse*. Cet espace, évalué au quart de la Suisse, est excessivement peuplé, très fertile et sillonné d'excellentes routes; au point de vue de la richesse et de l'industrie, il peut être considéré comme étant tout le pays. Le reste de la Suisse est formé par les massifs les plus puissants des Alpes.

La Confédération helvétique comprend 22 cantons. Chaque canton se gouverne d'après ses lois particulières. Le gouvernement fédéral administre les affaires d'intérêt général.

Berne est le siège du gouvernement fédéral ; les autres villes principales sont Genève et Bâle.

Les langues parlées sont le français dans l'Ouest, l'italien au Sud, l'allemand dans le Centre et l'Est. Les religions sont le protestantisme et le catholicisme.

Armée. — Le service militaire est obligatoire. L'armée de la Confédération se compose de l'élite ou armée régulière et de la landwehr. Cette armée compterait sur le pied de guerre environ 200.000 hommes.

Frontières. — Les frontières de la Suisse sont protégées de tous côtés par des obstacles naturels; de bonnes routes les traversent; cependant il n'existe pas encore de communication ferrée directe entre la Suisse et l'Italie; une ligne par le Saint-Gothard est en voie d'exécution.

BELGIQUE.

Le royaume de Belgique s'est séparé du royaume des Pays-Bas en 1830. Il a une superficie de plus de 29.000 kilomètres carrés et une population de 5 millions et demi d'habitants. Ce royaume, divisé en 9 provinces (Anvers, Flandre occidentale, Flandre orientale, Hainaut, Brabant, Namur, Limbourg, Liège, Luxembourg), se compose de deux contrées distinctes par la nature de leur sol et par la race de leurs habitants.

Au N. O. c'est la Flandre, vaste plaine arrosée par l'Escaut, pays excessivement peuplé, d'une grande richesse agricole et fort industrieux. Au S. E., c'est le pays Wallon, avec ses riches mines de houille sur la rive gauche de la Sambre, ses terrains fertiles sur la rive gauche de la Meuse, mais comprenant sur la rive droite de cette rivière une partie des plateaux incultes des Ardennes.

Les populations wallonnes parlent le français, qui est du reste la langue officielle; les populations de la Flandre parlent flamand.

La capitale du royaume est *Bruxelles;* les villes principales sont : Anvers, par où s'écoulent une grande partie des nombreuses marchandises anglaises en Europe; Gand, Liège, Bruges, Malines, Courtray.

Les voies de communication et les chemins de fer sont excessivement nombreux dans ce pays.

Armée. — Quoique neutre, cette puissance ne néglige en rien son organisation militaire. L'armée belge comprend l'armée active et la garde civique. L'armée active se recrute par voie d'engagements volontaires et par la conscription; le remplacement est admis. La durée du service est de 8 ans, mais la durée réelle se réduit à moins de 3 ans pour l'infanterie, et à 4 ans pour l'artillerie et la cavalerie.

L'effectif sur le pied de paix est d'environ 50.000 hommes; sur le pied de guerre, il serait d'environ 100.000 combattants. La garde civique (garde nationale) n'est pas instruite.

Frontières. — La défense de la Belgique se réduit à peu près à celle d'Anvers. Cette place est organisée d'une manière formidable, avec treize forts détachés et des inondations. Les autres places fortes de la Belgique ont été déclassées, à l'exception de Dendermonde, sur l'Escaut, et de Diest, au Nord de Bruxelles.

HOLLANDE.

La Hollande a une superficie de 33.100 kilomètres carrés et une population de 4 millions d'habitants. La majeure partie du sol de la Hollande a été conquise sur les alluvions du Rhin, de la Meuse et de la mer du Nord. Sans les digues, le tiers du pays, dans les marées ordinaires, se trouverait submergé.

Plus d'un cinquième de ce territoire est inculte et se compose de landes, de tourbières et de grandes étendues de vase. L'autre partie de la Hollande, sur le bord des fleuves et dans le voisinage de la mer, comprend des régions très fertiles, presque partout couvertes de prairies.

Le pays est divisé en 11 provinces. Les villes principales

sont : *Amsterdam*, capitale du royaume; Rotterdam, le port le plus florissant de la Hollande; et la Haye, résidence du gouvernement.

La Hollande, dont les principales voies de communication sont les cours d'eau et les canaux, possède très peu de voies ferrées. Son commerce est très actif.

Armée. — L'armée hollandaise compte environ, sur le pied de paix, 60.000 hommes; sur le pied de guerre, elle serait d'environ 140.000 combattants, sans compter la landsturm. En outre, l'armée des colonies est d'environ 40.000 hommes.

La flotte hollandaise comprend une vingtaine de bâtiments cuirassés.

Frontières. — La Hollande touche à la Belgique et à l'Allemagne. Elle n'a réellement à craindre que du côté de cette dernière, qui, par l'acquisition des ports néerlandais, pourrait devenir immédiatement puissance maritime de premier ordre.

Les Hollandais ont déclassé toutes les places fortes qui se trouvaient en dehors de la région inondable. La défense du reste du territoire consiste dans l'inondation, qui ne laisserait émerger que des routes sur chaussée et quelques positions fortifiées. Ces routes sont enfilées et battues de flanc par d'innombrables pièces d'artillerie. Utrecht et Amsterdam sont les deux principaux centres de la défense.

Les côtes sont protégées par la position du Helder; les bouches de la Meuse et de l'Escaut sont également défendues.

DANEMARK.

Le Danemark a été dépouillé par l'Allemagne en 1864 de ses provinces méridionales (Schleswig-Holstein). Il a aujourd'hui une superficie de 39.000 kilomètres carrés, sans compter les iles Færoë et l'Islande. Sa population est d'environ 1.800.000 habitants.

Ce royaume comprend les iles danoises (Seeland, Fionie, Laland et Bornholm, avec quelques autres petites iles) et le Jutland, qui forme la partie continentale

A l'Est, le Jutland est marécageux et en partie inculte; les digues le séparent de la mer du Nord. A l'Ouest, il est mouvementé et couvert de cultures variées.

Les iles sont fertiles et bien habitées.

La capitale du Danemark est *Copenhague.*

Organisation militaire. — Le service militaire est obligatoire. L'armée danoise compte environ 40.000 hommes.

La flotte danoise comprend 4 bâtiments cuirassés.

Frontières. — L'unique frontière continentale du Danemark touche à l'Allemagne.

La défense du pays est concentrée dans l'ile de Seeland, autour de Copenhague, qui est le port de guerre et l'arsenal maritime du Danemark.

SUÈDE ET NORVÉGE.

La Suède et la Norvège forment deux Etats qui diffèrent de lois, de mœurs et de langue. Ils n'ont de commun que le même roi.

La superficie de la péninsule scandinave est de 759.000

kilomètres carrés, habitée seulement par 6 millions d'âmes. La plupart des habitants se sont concentrés sur les côtes. Dans le Nord de la péninsule se trouvent les Lapons, tribus asiatiques en partie nomades.

La Norvège est un pays de plateaux et de montagnes ; la Suède renferme des plaines.

Le sol produit peu, car la plus grande partie de la péninsule scandinave ne peut pas être cultivée à cause des lacs, des rochers, des glaciers ou de la rudesse du climat dans les régions septentrionales.

Les villes principales sont : *Stockholm*, capitale de la Suède, et *Christiania*, capitale de la Norvège.

En Norvège, il n'existe qu'une ligne ferrée ; en Suède, les chemins de fer sont assez considérables eu égard au petit nombre d'habitants.

Organisation militaire. — L'armée de Suède et Norvège doit avoir une troupe cadre permanente forte de 30.000 hommes. En temps de guerre, l'effectif de l'armée pourrait s'élever à 150.000 hommes.

La flotte, chargée exclusivement de la défense des côtes, comprend 8 monitors cuirassés et quelques canonnières.

Les principaux points fortifiés sur les côtes sont : en Suède, Stockholm ; en Norvège, Frédérickshald.

TURQUIE.

L'empire Turc (ou empire Ottoman) comprend la Turquie d'Europe avec l'île de Candie, la Turquie d'Asie avec une partie de l'Arabie et Tripoli en Afrique.

La Tunisie et l'Egypte, gouvernées par des vassaux du sultan, sont à peu près indépendantes.

La Turquie d'Europe réunit sous le gouvernement du sultan une grande diversité de peuples, aux religions différentes. Des Slaves, des Grecs, des Latins, etc., etc., se trouvent accolés à environ 2 millions de Turcs, descendants des conquérants musulmans.

Le traité de Berlin a sanctionné la dislocation d'une partie de cette agrégation; les Latins ont constitué la principauté indépendante de *Roumanie;* une partie des Slaves a formé les principautés indépendantes de *Serbie* et de *Monténégro* et la principauté de *Bulgarie,* vassal de l'empire Ottoman.

Il ne reste plus aujourd'hui à la Turquie, outre la Bosnie et l'Herzégovine, pays slaves occupés par l'Autriche, que l'Albanie, la Thessalie et la *Roumélie,* et encore une partie de cette dernière province, sous le nom de *Roumélie orientale,* doit avoir une administration particulière. La partie méridionale de ces provinces et l'île de Candie sont habitées en presque totalité par des populations grecques.

Les villes principales de la Turquie d'Europe sont : *Constantinople,* capitale de l'empire Ottoman, à l'extrémité Sud du Bosphore, et Andrinople.

La population de la Turquie d'Europe est actuellement d'environ 7 millions d'habitants; la population totale de l'empire peut être de 24 millions.

Le crédit de la Turquie est ruiné.

Les voies de communication dans ce pays couvert de montagnes sont peu nombreuses et généralement mauvaises.

Organisation militaire. — L'armée turque, sur le pied de paix, comprend environ 140,000 hommes; sur le pied de guerre, elle compterait environ 450.000 combattants.

La flotte turque se compose de 10 navires cuirassés.

Frontières. — La frontière turque, du côté de la Grèce, est protégée par la ligne d'anciennes forteresses.

Les deux rives du Bosphore et du détroit des Dardanelles (Europe et Asie) sont garnies de batteries qui peuvent croiser leurs feux.

ROUMANIE.

La Roumanie se compose de la Valachie et de la Moldavie. Elle s'étend, au nord du Danube, entre le Pruth et les Carpathes.

C'est un pays de plaines excessivement fertiles, produisant du blé en très grande abondance.

La population est d'environ 5 millions d'habitants. Les villes principales : sont *Bucharest,* capitale de la principauté, et Galatz, port sur le Danube.

La Roumanie pourrait mettre sur pied, en cas de guerre, environ 65.000 hommes, sans compter la milice.

SERBIE.

La Serbie, peuplée par plus de 1 million 1/2 d'habitants, a une étendue de 49.000 kilomètres carrés. Sauf sur les bords de la Save, c'est une région montagneuse et d'accès difficile. A peine le huitième du sol est en culture. La capitale de la Serbie est *Belgrade.*

L'armée serbe, d'après la loi du 18 octobre 1878, serait de 32,000 hommes en temps de paix. En temps de guerre, l'armée nationale comprendrait 100.000 hommes.

MONTÉNÉGRO.

Le Monténégro compte 9,433 kilomètres carrés et 286,000 habitants. C'est un pays couvert de montagnes, excessivement difficile, manquant de routes; sur une grande partie du territoire, la culture est impossible. La capitale est *Cetigné*.

Le service militaire comprend les hommes de 20 à 46 ans. L'armée sur le pied de paix doit être de 20,000 hommes; sur le pied de guerre, elle sera de 35,000 hommes.

BULGARIE.

La principauté de Bulgarie, vassale de l'empire Ottoman, s'étend entre le Danube et les Balkans. Elle a une superficie de 63,865 kilomètres carrés et compte 1,860,000 habitants.

C'est une région généralement fertile, sauf sur les bords du Danube, où le pays est pauvre.

Le service obligatoire est de 10 ans, plus 10 ans dans la landwehr. L'armée permanente est de 17,000 hommes. La landwehr peut comprendre 32,000 hommes.

Les officiers bulgares sont en grande partie d'anciens officiers russes démissionnaires.

Cette principauté dispose d'une petite flottille, mais elle ne doit avoir aucune forteresse. (Roustchouck, Silistrie, Varna, doivent être démantelées.)

GRÈCE.

La Grèce fut affranchie de l'empire Turc en 1830. A ce royaume furent jointes une partie des îles de l'Archipel et plus tard les îles Ioniennes. Le pays occupe une superficie de 50,000 kilomètres carrés et possède une population de 1,500.000 habitants.

Les villes principales sont : *Athènes,* capitale du royaume ; Syra, Nauplie et Corfou.

Une loi de 1878 institue le service militaire obligatoire et personnel. La Grèce pourrait mobiliser environ 35,000 soldats instruits. En faisant appel à toutes ses ressources, elle disposerait d'environ 120,000 hommes.

La flotte grecque compte 2 navires cuirassés.

TROISIÈME SÉANCE.

FRANCE.

La France actuelle comprend une grande partie de l'ancienne Gaule. Cette dernière avait pour barrières : la *mer du Nord*, la *Manche*, l'*océan Atlantique*, les *Pyrénées*, la *Méditerranée*, les *Alpes*, le *Jura* et le *Rhin*.

La limite du Rhin, atteinte sous Louis XIV, complétée sous la Révolution, fut perdue en partie en 1814, en 1815, et entièrement en 1871. La frontière de ce côté est formée aujourd'hui par les *Vosges méridionales* et une ligne conventionnelle allant de ces montagnes à la mer du Nord.

Ces limites donnent à la France la forme d'une figure à six côtés, dont les angles auraient à peu près pour sommet : au Nord, *Dunkerque;* à l'Ouest, la *pointe Saint-Mathieu;* au S. O., l'embouchure de la *Bidassoa;* au Sud, le *cap Cerbère;* au S. E., la ville de *Menton;* à l'Est, le *mont Donon*.

Ce territoire, en y ajoutant l'île de Corse, a une superficie de 528.572 kilomètres carrés. Quatre États en Europe sont plus étendus : la Russie d'Europe, les États scandinaves, l'Autriche-Hongrie et l'Allemagne.

Montagnes. — Le système des montagnes de la France se compose :

1° D'une ceinture extérieure comprenant : à l'Est, les

Alpes et le *Jura;* au N. E., les *Vosges,* dont dépendent les *Faucilles;* au Nord, l'*Ardenne;* au Sud, les *Pyrénées;*

2° D'un massif intérieur (*massif central*), composé de plateaux et de chaines, ayant pour talus oriental et méridional les *Cévennes.* Au Nord du massif central se trouve un massif secondaire, le *Morvan,* qui se prolonge par le *plateau de Langres* jusqu'aux Faucilles;

3° De massifs et de plateaux situés au N. O. et à l'Ouest de la France, et n'ayant qu'une faible élévation : collines de Normandie, plateau d'Artois, monts de Bretagne, plateau de Gatine, etc.

Fleuves. — Les eaux de la France se divisent en sept bassins principaux. Elles ont trois directions distinctes :

1° Dans l'intérieur du grand arc de cercle formé par les Pyrénées, les Cévennes, le plateau de Langres, l'Ardenne et le plateau d'Artois, elles coulent dans la direction du N. O. vers la Manche et le golfe de Gascogne; ce sont les eaux de la *Seine,* de la *Loire* et de la *Garonne.*

2° Celles qui sont au Nord du Jura, des Faucilles, de l'Ardenne et du plateau d'Artois se dirigent vers la mer du Nord et forment le *Rhin,* la *Meuse* et l'*Escaut.* La France possède la moindre partie de ces trois bassins.

3° Celles qui sont au Midi des Faucilles et du Jura coulent avec le *Rhône* vers la Méditerranée.

Frontières. — Des six côtés de l'hexagone que figure la France, trois sont des frontières de terre, trois sont des frontières de mer.

Les frontières de terre peuvent être divisées en :

1° Frontière du Nord ou frontière Belge;
2° Frontière du N. E. ou d'Allemagne;
3° Frontière de l'Est ou de Suisse;
4° Frontière du S. E. ou d'Italie;
5° Frontière des Pyrénées ou d'Espagne.

FRONTIÈRE DU NORD.

DESCRIPTION DES BASSINS DE L'ESCAUT, DE LA MEUSE, DE LA SEINE ET DE LA SOMME.

La frontière du Nord traverse les *bassins de l'Escaut* et *de la Meuse*. Entre ces deux bassins elle touche à *celui de la Seine* en laissant à la Belgique les sources de l'Oise (affluent de la Seine).

Entre les bassins de la Seine et de l'Escaut, au Sud de ce dernier, est le petit bassin de la *Somme*.

Bassin de l'Escaut. — Le bassin de l'Escaut forme une vaste plaine, très fertile, appartenant presque entièrement au royaume de Belgique.

Ce bassin a pour limites des hauteurs peu élevées. Au Sud, ce sont les *collines d'Artois* et du *plateau de Saint-Quentin*, qui le séparent du bassin de la Somme; au S.E., les *collines* insignifiantes de *Belgique* et l'extrémité *occidentale de l'Ardenne*.

L'*Escaut* prend sa source au plateau de Saint-Quentin. Bordé d'abord de coteaux doucement inclinés, il coule ensuite au milieu de prairies coupées de petits canaux. Il passe à *Cambrai, Bouchain, Valenciennes, Condé*.

En Belgique, il arrose *Tournay, Gand, Anvers*. En aval de cette dernière ville, l'Escaut pénètre en Hollande et se partage en deux bras pour se jeter dans la mer du Nord.

Les principaux affluents de l'Escaut en France sont, sur la rive gauche : la *Scarpe*, qui passe à *Arras* et à *Douai*, la *Lys*, dont un affluent, la *Deûle*, arrose *Lille*.

Un grand nombre de canaux sillonnent tout le bassin de l'Escaut et réunissent, en France, toutes les grandes villes du département du Nord.

A l'Ouest de l'Escaut s'étend la fertile mais marécageuse plaine de Flandre, arrosée par deux petites rivières, l'*Yser et l'Aa*. Le premier de ces cours d'eau finit en Belgique; le deuxième arrose *Saint-Omer* et *Gravelines* et sert d'écoulement aux canaux de dessèchement (wateringues) dont est sillonnée toute la contrée.

Bassin de la Meuse. — Ce bassin est borné à l'Ouest par l'extrémité *occidentale des Ardennes*, par l'*Argonne* et les collines qui prolongent ces hauteurs jusqu'au plateau de Langres; au Sud, par le *plateau de Langres;* à l'Est, par les collines *entre Meuse et Moselle* et la partie *orientale des Ardennes*.

Ardennes. — Les Ardennes forment un vaste plateau très boisé et constituent un pays pauvre, peu peuplé, où les communications sont rares. Outre les forêts on y rencontre, avec de maigres paturages et quelques cultures de seigle ou d'avoine, de grands espaces couverts de bruyères, des marécages et des tourbières.

Argonne. — Au Sud de la région des Ardennes, séparant le bassin de la Meuse de celui de la Seine, se trouve l'*Argonne*, formée par une suite de plateaux de 300 à 400 mètres. Autrefois ces hauteurs boisées, marécageuses, traversées seulement par cinq défilés (les Islettes, la Chalade, Grand-Pré, la Croix-au-Bois, le Chêne-Populeux), formaient un obstacle très sérieux. Depuis cette époque, des dessèchements et des déboisements importants ont été effectués, et un grand nombre de chemins ont été ouverts. Cependant ce pays renferme encore de vastes forêts qui se prolongent vers le Sud.

Plateau de Langres. — Le plateau de Langres s'étend des sources de la Meuse aux monts de la Côte d'Or. Peu productif, quelquefois cultivé, plus souvent couvert de forêts, il n'offre pas un obstacle bien sérieux. C'est le point de passage le plus commode entre le bassin du Rhin et celui de la Seine. Il se trouve sur la ligne droite qui joint Belfort à Paris.

Cours de la Meuse. — La Meuse sort du plateau de Langres et suit une vallée étroite et encaissée. Elle arrose *Neufchâteau, Pagny, Commercy, Saint-Mihiel, Verdun*. A partir de *Dun*, la vallée s'élargit jusqu'à *Sedan*. *A Mézières* la Meuse s'engage dans une gorge étroite et profonde. Elle entre en Belgique en aval de *Givet* et de Charlemont, passe à *Dinant, Namur, Liège;* quitte la Belgique pour la Hollande, baigne *Maëstricht* et coule en plaine jusqu'à sa réunion avec la Wahal (branche du Rhin).

Jusqu'au delà de Sedan, on trouve dans la Meuse de nombreux gués.

Cette rivière est navigable à partir de Verdun.

Affluents de la Meuse. — Les principaux affluents de droite de la Meuse sont en France : le *Chiers,* qui passe à *Longwy* et à *Montmédy;* et la *Semoy,* qui coule presque entièrement sur le territoire belge.

Les vallées de ces deux rivières, généralement encaissées. sont parallèles à la frontière.

Le principal affluent de gauche de la Meuse est la *Sambre.* Cette rivière part de l'extrémité occidentale des Ardennes, près des sources de l'Oise, passe à *Landrecies,* à *Maubeuge,* entre en Belgique et finit à *Namur,* après avoir arrosé *Charleroi.*

La Meuse communique par des canaux avec la Seine, l'Escaut et le Rhin.

Bassin de la Seine. — Le bassin de la Seine est limité au Nord par le *plateau de Caux,* les *collines de Picardie* et les dernières *pentes de l'Ardenne.* A l'Est, il est séparé : 1° du bassin de la Meuse par l'*Argonne* et les collines qui s'étendent jusqu'au plateau de Langres; 2° du bassin du Rhône par le *plateau de Langres* et les sommets boisés de la *Côte d'Or.* Au sud, le massif sauvage et boisé du *Morvan,* les hauteurs moins importantes du *Nivernais,* du *plateau d'Orléans* et des *coteaux du Perche,* le séparent du bassin de la Loire.

A l'Est de Paris, le bassin de la Seine est coupé par un bourrelet de collines désigné sous le nom de *falaises de Champagne.* Ces hauteurs commencent près de Fontainebleau et vont se terminer sur l'Oise à la Fère. Elles sont peu élevées, mais leurs sommets sont presque partout couverts de forêts, et à leur base s'étendent, en certains endroits, de grands marais. Les routes qui les traversent passent généralement par des défilés faciles à défendre.

A l'Est de ces collines sont les plateaux crayeux de la *Champagne;* à l'Ouest, s'étendent les champs fertiles de la *Brie.*

Cours de la Seine. — La Seine prend sa source dans la Côte d'Or au mont Tasselot et coule vers le N. O., d'abord dans un étroit vallon. Elle passe à *Châtillon,* débouche à *Bar-sur-Seine* dans la grande plaine de Champagne et serpente au milieu de prairies où elle arrose *Troyes.* En approchant des falaises de Champagne, son cours devient marécageux; puis, devant cet obstacle, elle se recourbe vers l'Ouest, longe le pied méridional des hauteurs, baigne *Nogent, Bray, Montereau,* et passe près de *Moret.*

Après cette dernière ville, la Seine dirige sa marche sinueuse vers le N. O.; elle laisse à gauche *Fontainebleau,* passe à *Melun, Corbeil, Villeneuve Saint-Georges, Charenton* et arrive à *Paris.*

En sortant de cette ville, la Seine décrit de nombreuses boucles; elle arrose *Saint-Denis,* à l'extrémité de la presqu'île de *Gennevilliers,* forme encore les deux presqu'iles de *Houilles* et de *Saint-Germain,* puis, dans ses nombreux replis, passe aux *Andelys,* à *Rouen,* où commence la navigation maritime, et finit par un vaste estuaire entre *le Havre* et *Honfleur.*

Affluents de droite. — Les principaux affluents de droite de la Seine sont :

1° L'*Aube*, qui descend du plateau de Langres et qui arrose *Bar-sur-Aube* et *Arcis-sur-Aube;*

2° La *Marne*, qui sort du plateau de Langres. Cette rivière coule d'abord dans une creuse vallée et passe au pied de la ville de *Langres*, à *Chaumont* et à *Vitry-le-François*. Elle arrose ensuite *Châlons*, dans la plaine monotone et nue de la Champagne, puis pénètre en Brie à *Epernay*, en ouvrant une des routes qui traversent les falaises de Champagne. Elle baigne *Château-Thierry*, et, dans ses nombreux lacets, passe à *la Ferté-sous-Jouarre*, à *Meaux* et à *Lagny*. Enfin, dans un dernier repli, appelé Boucle de la Marne, elle forme la presqu'île de Saint-Maur, dominée par les hauteurs de Champigny, et vient finir à *Charenton*.

La Marne reçoit sur sa rive gauche le *Petit Morin* et le *Grand Morin*, sortis tous deux des marécages qui bordent le pied des falaises de Champagne.

A droite, la Marne a pour affluents la *Saulx*, dans laquelle se jette l'*Ornain*, qui passe à *Bar-le-Duc*, et l'*Ourcq;*

3° L'*Oise*, dont les sources sont en Belgique, à l'extrémité occidentale des Ardennes. Elle passe à *Hirson*, *la Fère*, *Compiègne*, *Creil*, et reçoit à gauche l'*Aisne*, qui sort de l'Argonne et qui arrose *Sainte-Menehould*, *Vouziers*, *Rethel*, *Berry-au-Bac*, *Condé-sur-Aisne* et *Soissons*. L'Aisne reçoit elle-même : à droite, l'*Aire;* à gauche, la *Vesle*, qui passe à *Reims*.

Affluents de gauche. — Les principaux affluents de gauche de la Seine sont :

1° L'*Yonne*, qui descend du Morvan et qui finit à

Montereau après avoir arrosé *Clamecy, Auxerre, Joigny* et *Sens.*

L'Yonne reçoit un grand nombre d'affluents venant du Morvan (la Cure, le Serein, l'Armançon, etc.);

2° Le *Loing,* qui passe à *Montargis* et à *Moret;*

3° L'*Essonne;*

4° L'*Eure,* qui part des coteaux du Perche et arrose *Chartres.*

Canaux. — La Seine est mise en communication avec tous les bassins adjacents par de nombreux canaux :

Avec la Loire, par les canaux du Loing, de Briare, d'Orléans et du Nivernais ;

Avec le Rhin, par le canal de la Marne au Rhin;

Avec la Meuse, par le canal des Ardennes ;

Avec la Saône, par le canal de Bourgogne.

Elle communique également avec l'Escaut et la Sambre.

TRACÉ DE LA FRONTIÈRE DU NORD.

La frontière actuelle commence à 12 kilomètres au N. O. de Dunkerque; elle se dirige vers le S. E., atteint la Lys et la suit jusqu'à Menin (Belgique.) Elle reprend ensuite la direction du S. E., traverse l'Escaut au confluent de la Scarpe, se replie vers le Sud en enveloppant Condé et Valenciennes, puis va à l'Ouest toucher la Sambre au-dessous de Maubeuge. De là elle se dirige à peu près vers le Sud jusqu'à l'Oise, puis vers l'Est jusqu'à la Meuse, qu'elle descend jusqu'à Givet.

Elle prend alors la direction du Sud à travers les Ardennes, traverse la Semoy, se dirige parallèlement au cours de cette rivière et vient se terminer vers les sources du Chiers, au Nord de Longwy.

Les *départements français* qui touchent à la frontière du Nord sont ceux du Nord, de l'Aisne, des Ardennes, de la Meuse et de Meurthe-et-Moselle.

Toute de plaine entre la mer et l'Escaut, la frontière du Nord est boisée et légèrement accidentée de collines entre l'Escaut et la Sambre. A partir de cette rivière, elle est protégée jusqu'aux sources du Chiers par le massif des Ardennes.

Chemins de fer traversant la frontière. — Les principales voies ferrées qui traversent la frontière belge passent : 1° par Creil, Amiens, Abbeville, Calais, Dunkerque; 2° par Creil, Amiens, Arras, Béthune et Hazebrouck; 3° par Creil, Amiens, Arras, Douai, Lille; 4° par Creil, Arras, Valenciennes; 5° par Creil, Péronne, Cambrai, Menin; 6° par Creil, Compiègne, Saint-Quentin, Maubeuge; 7° par Soissons, Laon, Hirson; 8° par Soissons, Reims, Mézières, Givet.

Les principales routes d'invasion de Belgique en France sont entre l'Escaut et la Sambre et par la vallée de l'Oise. Par ces routes on pénètre directement dans le bassin de la Seine.

Plus à l'Ouest, il faudrait traverser la plaine marécageuse de Flandre, puis le cours de la Somme; plus à l'Est, on rencontrerait le pays pauvre des Ardennes, les obstacles du bassin de la Meuse et des falaises de Champagne.

Organisation défensive de la frontière belge jusqu'à la

Meuse. — La frontière du Nord est protégée par la neutralité de la Belgique.

Sous Louis XIV, Vauban, au moyen d'un grand nombre de places fortes, et en utilisant les canaux et les inondations, avait formé une barrière continue.

Aujourd'hui, au lieu d'un grand nombre de places isolées, on a organisé en première ligne quelques positions fortifiées, en groupant les villes assez rapprochées pour se soutenir mutuellement.

De la mer à la Sambre, on a formé quatre groupes.

Le 1er s'appuie à la mer et comprend *Dunkerque, Bergues* et *Gravelines;* il est renforcé par le terrain marécageux de la plaine environnante et par les inondations que l'on pourrait tendre, soit au moyen des eaux de l'Aa, soit, comme ressource extrême, avec les eaux de la mer.

Le 2e groupe est constitué par *Lille,* qui sera entouré d'une ceinture de sept forts détachés et que protègent les inondations de la Deûle. Cette grande place doit couvrir le pays entre la Lys et la Scarpe.

Le 3e groupe, renforcé par les inondations de l'Escaut, comprend *Condé, Valenciennes, Bouchain* et *le Quesnoy;* il garde la contrée entre la Scarpe et l'Escaut.

Le 4e groupe couvre le pays entre l'Escaut et la Sambre et se compose de *Maubeuge,* avec des forts extérieurs, et de *Landrecies.*

En arrière de ces quatre groupes, avec *Calais,* qui doit devenir grand port militaire, on a conservé *Aire, Saint-Omer, Arras* et *Douai,* soit pour protéger les écluses au moyen desquelles on peut tendre les inondations, soit pour tenir les voies de chemins de fer.

En troisième ligne, sur la Somme, on a gardé *Péronne* et la citadelle d'*Amiens*.

La *vallée de l'Oise* est protégée par le fort d'*Hirson*, qui barre le chemin de fer des Ardennes, et plus en arrière par la position fortifiée de *la Fère* et *Laon*, à l'extrémité septentrionale de la falaise de Champagne.

Entre l'Oise et la Meuse se trouve la petite place de *Rocroy*, et sur cette dernière rivière on rencontre *Givet* et *Mézières*.

La défense de la région du Nord est complétée par l'organisation d'un réseau très serré de voies ferrées qui relient toutes les villes du Nord.

QUATRIÈME SÉANCE.

FRONTIÈRE DU NORD-EST. — BASSIN DE LA MOSELLE.

La frontière du Nord-Est commence dans le bassin de la Meuse; elle pénètre presque aussitôt dans le bassin de la Moselle et vient se terminer sur la ligne de partage des eaux de la Saône (affluent du Rhône) et de l'Ill (affluent du Rhin).

Bassin de la Moselle. — Le bassin supérieur de la Moselle est la seule partie qui nous reste du bassin du Rhin. Les *collines entre Meuse et Moselle* à l'Ouest, les *Faucilles* au Sud, limitent en France le bassin de cette rivière.

Entre la Moselle et le Rhin se dressent les *Vosges.*

Au Sud de ces montagnes se trouve la *trouée de Belfort,* grande dépression entre les Vosges et le Jura, permettant de pénétrer du bassin du Rhin dans les bassins du Rhône et de la Seine.

A l'Ouest des Vosges est *la Lorraine,* à l'Est est *l'Alsace.*

Collines entre Meuse et Moselle. — Ces collines se détachent des Faucilles près des sources de la Meuse et vont se perdre au Nord dans l'étroite plaine qui longe le pied des Ardennes. Les plus importantes sont les *collines*

Meuse, qui de Neufchâteau jusqu'au nord de Dun offrent un obstacle continu. Leurs sommets boisés ont une élévation de 300 à 400 mètres.

Les *Faucilles* s'étendent du plateau de Langres au ballon d'Alsace, où elles se soudent aux Vosges; elles forment au-dessus de la Moselle une muraille escarpée de 400 à 500 mètres.

Les *Vosges* partent du ballon d'Alsace et se dirigent vers le N. E. Elles s'étendent sur une longueur de 240 kilomètres et ont une épaisseur de 30 à 38 kilomètres. Elles se divisent en deux parties : les *Vosges méridionales* et les *Vosges septentrionales*.

Les *Vosges méridionales*, du *ballon d'Alsace* au *mont Donon*, forment la limite actuelle entre la France et l'Allemagne. Elles présentent une haute chaîne aux sommets arrondis couverte de forêts et n'offrant généralement que quelques cols fortement encaissés par lesquels passent des routes faciles à défendre.

Les principales sont celles du *ballon d'Alsace*, des cols de *Bussang*, de la *Schlücht*, du *Bonhomme*, de *Sainte-Marie-aux-Mines*, de *Saales* et du *mont Donon*.

Aucun chemin de fer ne coupe encore cette partie des montagnes.

Dans les *Vosges septentrionales* (Allemagne) se trouve la *trouée de Saverne*, par où passe le chemin de fer de Paris à Strasbourg. Au Nord de cette grande dépression, les Vosges perdent beaucoup de leur hauteur et de leur épaisseur. Elles offrent alors l'aspect d'un haut plateau s'abaissant en pente douce vers la Lorraine, mais tombant à l'Est sur la plaine du Rhin par des pentes rapides coupées de gorges profondes.

Cours de la Moselle. — Cette rivière sort des Vosges près du ballon d'Alsace. Elle arrose *Remiremont, Epinal, Charmes, Toul* (où elle n'est séparée de la Meuse que par un espace de 11 kilomètres), *Frouard, Pont-à-Mousson.* Plus loin, elle traverse la frontière et passe à *Metz*, à *Thionville*, à *Sierck*, à *Trèves*, et rejoint le Rhin à *Coblentz*.

Dans son parcours sur le territoire français, la *Moselle* est traversée par un grand nombre de ponts et coule presque partout au milieu de prairies. Son fond est solide et les gués sont assez nombreux.

Les principaux affluents de la Moselle sont, à droite : la petite rivière de la *Vologne*, qui ouvre le col de la Schlücht et qui sert de déversoir au lac de Gérardmer ; la *Meurthe*, qui passe à *Saint-Dié, Raon-l'Etape, Lunéville, Nancy*, et qui se jette dans la Moselle à *Frouard ;* la *Seille ;* la *Sarre*, rivière allemande qui arrose Sarrebourg, Sarreguemines et Sarrelouis.

Les affluents de gauche de la Moselle en France sont peu importants ; ils traversent la grande plaine marécageuse de Woëvre, qui s'étend entre les monts de la Meuse et de la Moselle.

La Moselle communique avec la Saône par le nouveau canal de l'Est.

Lorraine. — La Lorraine s'étend à l'Ouest des Vosges

jusqu'au delà de la Meuse. Cette région est divisée en deux parties par une dépression où passe le canal de la Marne au Rhin.

Au Nord, c'est la *Lorraine allemande*, pays bien peuplé, bien cultivé, quoique semé de nombreux étangs.

Au Sud, c'est la *Lorraine française*, où l'on rencontre des collines très accentuées et de grandes forêts (forêt de Haye, entre Toul et Nancy, etc.).

Alsace. — L'Alsace, bornée au Nord par la Lauter, est comprise entre les Vosges et le Rhin. C'est une province très riche, fertile et manufacturière. Elle est arrosée par un grand nombre de canaux et de cours d'eau (Ill, Moder, etc.) Au Sud, la plaine alsacienne est parsemée de bois ; dans le Nord, elle est ondulée de collines et renferme de vastes forêts. Les villes principales de cette province sont, après *Strasbourg* : *Mulhouse, Colmar, Schelestadt, Haguenau.*

Tracé de la frontière du Nord-Est. — Entre la frontière belge et la frontière allemande, la France touche, sur une longueur de 13 kilomètres, au *grand-duché de Luxembourg*, partagé entre la Hollande et la Belgique.

A l'Est de *Longwy* commence la frontière allemande. Elle se dirige vers le Sud en laissant à l'Allemagne Thionville, Metz et les champs de bataille de Saint-Privat, de Gravelotte et de Rezonville. Elle traverse la Moselle au-dessous de Pagny, atteint la Seille, dont elle suit le cours un certain temps, et se dirige vers le S. O. jusqu'au pied du Donon. De là elle suit les Vosges méridionales et vient rejoindre la frontière suisse à Delle, au S. E. de Belfort.

Les départements français qui touchent à l'Allemagne sont ceux de Meurthe-et-Moselle, des Vosges et de la Haute-Saône avec le territoire de Belfort.

Les principales voies ferrées qui traversent la frontière sont celles : 1° de Mézières à Thionville ; 2° de Châlons par Verdun à Metz ; 3° de Paris à Strasbourg par Toul et Saverne ; 4° de Paris à Mulhouse par Langres et Belfort.

Organisation défensive. — La frontière française, du côté de l'Allemagne, est complètement ouverte, les Allemands possédant au Nord les deux versants des Vosges et pouvant tourner ainsi le seul obstacle naturel qui, sur le front N. E., limite pendant un certain temps le territoire français.

Il était impossible de couvrir par une barrière continue les 250 kilomètres qui s'étendent de Longwy à la frontière suisse : aussi a-t-on essayé non pas d'interdire complètement l'accès du territoire à une armée ennemie, mais de limiter les débouchés par lesquels elle pourrait pénétrer au cœur du pays.

On a établi en première ligne quelques positions très fortes, et par de nombreux forts, destinés à barrer les routes, on a intercepté complètement l'entrée dans certaines régions. L'accès des autres a été laissé libre.

En deuxième ligne, on a créé des positions fortifiées, pour, en cas d'insuccès, arrêter la poursuite entre la frontière et Paris.

Une ligne droite tirée de *Mézières* à *Belfort* indique le nouveau front fortifié. *Verdun, Toul, Epinal, Belfort,* sont les principaux centres de défense.

Au Nord de cette ligne est *Mézières,* dont on doit compléter l'action par des ouvrages détachés ; à l'Est de cette ville sont *Longwy* et *Montmédy*. Ces trois places, qui font partie également du système défensif de la frontière belge, gardent la dépression qui existe au Sud des Ardennes et barrent les voies ferrées venant de Thionville et de Luxembourg.

Au *Sud de Mézières,* jusqu'à Verdun, le passage est libre.

Verdun, considérablement agrandi, est entouré par des forts sur les deux rives de la Meuse.

Entre Verdun et Toul, les routes qui traversent les monts de la Meuse sont barrées par des forts (1).

La grande *place de Toul,* entre Metz et Strasbourg, a une importance capitale. Ses forts, détachés sur les deux rives de la Moselle, étendent au loin son action.

Au Sud des défenses de Toul, jusqu'à Epinal, le terrain n'est pas défendu ; on n'a construit dans cette région que des forts d'arrêt pour maîtriser les voies ferrées. Cet intervalle est d'environ 40 kilomètres.

Enfin, *entre Epinal,* entouré de forts de tous côtés, et *la frontière suisse,* une muraille de fer barre tous les passages.

(1) Les principaux ouvrages entre Verdun et Toul sont les forts de Génicourt, de Troyon, du Camp des Romains, de Lionville, de Gironville, les ouvrages de Trondes et de Lucey. A l'Est de Toul les voies ferrées qui se croisent à Nancy sont maîtrisées par un ouvrage construit à Frouard.

Les ouvrages qui s'étendent de cette ville au ballon d'Alsace interceptent toutes les routes qui, à travers les Faucilles, conduisent du bassin de la Moselle dans le bassin de la Saône (1).

Les forts qui se trouvent entre le ballon d'Alsace et le Doubs, couvrent avec la ville de *Belfort* considérablement agrandie, la trouée de ce nom, et barrent les routes venant d'Alsace en France (2) et pouvant conduire, soit directement sur Paris par le plateau de Langres, soit sur Lyon par la vallée de la Saône. (Voir troisième séance.)

En résumé, on voit que notre frontière du côté de l'Allemagne peut se diviser en quatre sections :

Deux ne sont pas fortifiées, celle entre Mézières et Verdun et celle entre Toul et Epinal.

Deux sont fermées par une barrière que l'on peut considérer comme infranchissable : celle de Verdun à Toul et celle d'Epinal à la frontière suisse.

Positions de 2e ligne. — Les positions de 2e ligne sont : la *place de Langres,* avec ses ouvrages détachés ; la *grande position fortifiée de Reims,* et, au Nord de celle-ci. celle de *Laon-La Fère,* comme la précédente sur la falaise de Champagne ; enfin, dans la partie Sud de ces hauteurs, on doit fortifier la position de *Nogent-sur-Seine* (3).

(1) Forts d'Arches, de Remiremont, de Rupt, de Château-Lambert, du ballon de Servance.

(2) Forts de Giromagny, de Salbert, de Mont-Vaudois, de la Chaux, du mont Bart et de Lomont.

(3) D'autres ouvrages doivent encore être construits pour barrer les principales routes qui traversent la falaise de Champagne à Epernay, etc.

A l'Ouest de la position de Laon-La Fère se trouve la place de *Soissons.*

Dans le bassin de la Saône, *Besançon,* la petite place d'*Auxonne* et les *forts de Dijon* sont les obstacles que rencontrerait en 2e ligne un ennemi voulant se diriger sur Lyon, ou dans le bassin de la Seine par les monts de la Côte-d'Or.

La défense de la frontière est facilitée par le réseau des chemins de fer, grandement perfectionné depuis 1870. Une dizaine de lignes ferrées peuvent amener directement les troupes de tous les points de la France sur la frontière du N. E.

Comme réduit central des frontières du Nord et du N. E. se trouve le *Camp retranché de Paris,* entouré d'une double ceinture de forts (1).

FRONTIÈRE DU CÔTÉ DE L'ALLEMAGNE.

L'Allemagne est protégée contre la France par les Vosges et le Rhin.

Les Allemands n'ont conservé comme points fortifiés en avant du Rhin que *Sarrelouis, Metz, Thionville, Bitche.*

(1) Les principaux forts de la nouvelle ceinture de Paris sont :

Au Nord, ceux de Cormeilles, de Montlignon, de Domont, d'Ecouen, de Montmorency, de Stains ;

A l'Est, ceux de Vaujours, de Chelles, de Villiers, de Champigny, de Sucy et de Villeneuve-Saint-Georges ;

Au Sud et à l'Ouest, ceux de Palaiseau, de Villeras, du Haut-Buc et de Saint-Cyr.

Tous ces ouvrages seront reliés par un chemin de fer dit *chemin de fer de grande ceinture.*

Cologne, Coblentz, Mayence, Strasbourg, avec leurs forts détachés, sont les principales places qui gardent le cours du fleuve.

Du reste l'Allemagne semble avoir organisé les provinces de la rive gauche du Rhin bien plus au point de vue de l'offensive qu'à celui de la défensive.

Au moins dix lignes de chemins de fer traversent l'Allemagne pour arriver au Rhin; quatorze ponts sur le fleuve, protégés la plupart par des ouvrages de fortification (Brisach, Germersheim, etc.), permettent d'en opérer le passage. Huit lignes ferrées conduisent du Rhin à la frontière de Lorraine. En Alsace, cinq embranchements conduisent au pied des Vosges.

CINQUIÈME SÉANCE.

FRONTIÈRES DE L'EST ET DU S. E. — BASSIN DU RHÔNE.

Les frontières de l'Est et du S. E. sont limitées par le *Jura* et les *Alpes*.

A l'Ouest de ces montagnes s'étend l'étroite vallée du *Rhône*, prolongée au Nord par la fertile plaine de la *Saône*.

Bassin du Rhône. — La France possède tout le bassin du Rhône, moins le cours supérieur de ce fleuve.

Le bassin du Rhône est limité à l'Est par les *Alpes de Provence* et les *Alpes occidentales*, et, hors de France, par une partie des *Alpes centrales* et des *Alpes Bernoises;* il est borné entre la France et la Suisse par le *Jura*.

Au Nord se trouvent la *trouée de Belfort* et les *Faucilles*.

A l'Ouest, il est séparé : 1° du bassin de la Seine par le *plateau de Langres* et les *monts de la Côte-d'Or;* 2° des bassins de la Loire et de la Garonne par les *Cévennes*.

Alpes occidentales. — (Voir la deuxième séance pour la configuration générale des Alpes.)

Les *Alpes occidentales* s'étendent du *col de Cadibonne* au *mont Blanc;* la hauteur de ces montagnes s'accroît rapidement en même temps qu'augmente leur éloignement de la côte de la Méditerranée. Elles se divisent généralement en *Alpes Maritimes, Alpes Cottiennes, Alpes Grées.*

Les *Alpes Maritimes* vont du *col de Cadibone* au *mont Viso*. La partie méridionale de ces montagnes, jusqu'au *col de Tende*, est entièrement sur le territoire italien et porte souvent le nom d'*Alpes Liguriennes*. C'est là que l'on rencontre le plus grand nombre de passages (cols de Nava, de San-Bernardo, de Cadibone, etc.).

Le *col de Tende* offre la meilleure voie de communication entre les deux versants des Alpes-Maritimes ; on ne rencontre plus ensuite dans ces montagnes, avec quelques mauvais chemins et des sentiers, que le passage du col de l'*Argentière* (1), qui n'est même pas entièrement praticable aux voitures.

Les *Alpes Cottiennes* vont jusqu'au *mont Thabor*. Elles partent de la pyramide du *Viso* (3.840 mètres), qui a donné son nom à un des principaux massifs alpestres.

Ces montagnes, bien que renfermant des sommets de plus de 3,000 mètres, n'atteignent pas encore, en général, l'élévation des Alpes Grées.

Les cols principaux sont : celui d'*Abriès*, celui du *mont Genèvre*, par où passe une route carrossable ; et celui de l'*Echelle*, par lequel on projette de construire un chemin de fer de Briançon (sur la Durance) à Turin.

Les *Alpes Grées* partent du *mont Thabor* et vont jusqu'au *mont Blanc*.

Elles sont couronnées d'une longue suite de glaciers et

(1) Ce col est désigné quelquefois sous le nom de col *de la Madeleine* ou de col *de l'Arche*.

de champs de neige. Elles présentent plusieurs dépressions : l'une permet d'aller de la vallée de l'Arc (affluent de l'Isère) dans celle de la Dora Riparia (affluent du Pô) par la belle route qui passe par le *mont Cenis* (1) ; une autre, par le *col du Petit Saint-Bernard*, fait communiquer la vallée de la Dora Baltea (affluent du Pô) avec la vallée de l'Isère (affluent du Rhône).

Le chemin de fer qui unit Lyon à Turin passe au Sud du mont Cenis, sous le long tunnel de *Fréjus*.

Le *mont Blanc* (extrémité des Alpes occidentales) donne son nom à tout le massif environnant, qui n'est accessible qu'aux piétons et aux mulets. Son arête, qui s'élève à 4,810 mètres, offre, après quelques sommets du Caucase, le point le plus élevé de l'Europe.

Contreforts des Alpes occidentales. — Les Alpes occidentales se terminent brusquement sur la plaine du Pô ; elles ne détachent de ce côté que le massif du Paradis. En France, elles couvrent de leurs contreforts et de leurs massifs presque tout le pays jusqu'au Rhône. Ce sont, au Sud, les montagnes arides, déboisées et profondément ravinées des *Alpes de Provence*, qui s'étendent jusqu'à la Durance. Entre cette rivière, au Sud, l'Arc et l'Isère au Nord, ce sont les *Alpes du Dauphiné*, couvertes en partie de pâturages et de forêts, avec les massifs des *Grandes Rousses* et du *Pelvoux* et celui très aride du *Dévoluy*. Enfin au Nord, jusqu'au lac de Genève, ce sont les *Alpes de*

(1) On donne souvent, dans les Alpes, le nom de mont à une montée qui aboutit à un col et non à un sommet : ainsi le mont Cenis, etc.

Savoie (Alpes du Valais, Alpes du Chablais et du Faucigny), avec le massif boisé de la *Grande-Chartreuse*, les champs de neige et les glaciers du massif de la *Vanoise* qui séparent la vallée de l'Isère (Tarantaise) de celle de l'Arc (Maurienne).

Sur les bords de la Méditerranée se trouvent les *montagnes des Maures* et les monts de l'*Esterel*. Ces deux massifs, d'une médiocre élévation, sont sauvages, boisés, couverts d'arbustes des pays chauds.

Jura. — Au Nord des Alpes, le *Jura* s'étend du S.-O. au N.-E. jusqu'au Rhin. Il se compose d'un vaste plateau surmonté de longues crêtes parallèles dont la hauteur va en diminuant de l'Est à l'Ouest ; ses principaux sommets sont, en France, le *Reculet* et le *Crêt de la Neige* (1.720m). Le Jura est coupé par d'étroites et profondes vallées ; à l'Est, il tombe en pente rapide vers la Suisse ; à l'Ouest, il s'abaisse par gradins successifs et se termine sur la plaine de la Saône et sur le Doubs (affluent du Rhône) par de véritables escarpements.

Les routes du Jura suivent généralement la direction des crêtes ; cependant plus de vingt routes carrossables gravissent les pentes boisées ou couvertes de riches pâturages et font communiquer les deux versants à travers des défilés (gorges de Nantua, cols de la Faucille, de Jougne, etc.).

Les cours d'eau descendent du Jura, soit en formant des chutes nombreuses (saut du Doubs, cascades de l'Ain), soit en s'échappant par des cluses, gorges profondes provenant d'étroites fractures dans les chaînons parallèles.

Trouée de Belfort. — Au Nord, le Jura finit par ses derniers coteaux dans la plaine d'Alsace. Au N. O., cette plaine, resserrée entre le Jura et les Vosges, forme la trouée de Belfort, accidentée de quelques collines.

Faucilles. — *Plateau de Langres* (voir troisième séance).

Côte-d'Or. — Au sud du plateau de Langres se trouvent les *monts de la Côte-d'Or,* aux sommets boisés, élevés de 5 à 600 mètres. Ces montagnes doivent leur nom de Côte-d'Or aux riches vignobles de Bourgogne qui, au-dessous de la zone des bois, garnissent la plus grande partie du versant oriental.

Cévennes. — Bien que la dénomination de *Cévennes* n'appartienne en propre qu'à une partie de la chaîne de montagnes qui, du Nord au S. O., s'étend de la dépression de Longpendu, passage du canal du Centre, au col de Naurouze, passage du canal du Midi, on désigne souvent sous ce nom la chaîne tout entière.

De l'*étang de Longpendu* jusqu'aux *monts Lozère,* ce sont les *Cévennes septentrionales* ou plus justement les *monts du Charollais*, du *Beaujolais,* du *Lyonnais* et du *Vivarais.*

La hauteur de ces montagnes augmente du Nord au Sud. Peu élevées dans les monts du Charollais, couronnées de bois et de pâturages, couvertes de vignobles sur les flancs, elles deviennent, en général, plus arides et plus nues dans les monts du Beaujolais et du Lyonnais.

Dans les monts du Vivarais, couverts de forêts de châtaigniers, se trouvent les sommets les plus élevés de toute la chaîne des Cévennes (mont Mezenc, mont Gerbier-des-Joncs).

Au Sud, les *montagnes de la Lozère,* massif aride, allongé de l'Est à l'Ouest, se trouvent les *Cévennes méridionales,* qui constituent une barrière beaucoup plus continue que les Cévennes septentrionales ; ce sont :

1° Des sources de l'Allier jusqu'à celles de l'Hérault, les *Cévennes proprement dites,* composées de hauts plateaux présentant partout des ravins profonds, des crêtes sauvages, des pentes rapides et boisées ; c'est dans ces montagnes que les Camisards, après la révocation de l'édit de Nantes, résistèrent aux troupes de Louis XIV (Gévaudan) ;

2° Les *monts Garrigues,* plateaux secs, aux bois rabougris, qui se prolongent à l'Ouest par les Causses (voir plus bas) ;

3° Les *monts de l'Espinouse ;*

4° La *montagne Noire,* qui se termine par les *collines de Saint-Félix,* au-dessus du col de Naurouze.

Les Cévennes méridionales séparent des populations, des végétations et des climats bien différents. Au Nord et à l'Ouest, dans le bassin de la Garonne, ce sont les hauts plateaux auxquels on donne le nom de *Causses* (causse de Sauveterre, de Larzac, etc.), avec le froid, la pluie, la neige, les rivières à débit constant et profondément encaissées, les pauvres cultures et les populations rares ; au Sud, dans le bassin du Rhône, ce sont les escarpements ensoleillés, les torrents à sec pendant une grande partie de l'année, mais sujets à des crues subites et terribles, la sécheresse, la vigne, l'olivier, le mûrier et, enfin, les grands centres de population, comme Nîmes, Montpellier, Alais, etc.

Rhône. — Le Rhône est le premier fleuve de France. Malgré les îles qui souvent encombrent son lit, il est très rapide et sujet à des crues brusques et à des inondations désastreuses.

Le Rhône, sorti du massif du Saint-Gothard, entre en France après avoir arrosé Genève à son débouché du lac de ce nom ; il coule vers le S. O. en serpentant au pied du Jura, traverse un étroit défilé (fort de l'Écluse) et disparait presque entièrement dans une sorte de gouffre (perte du Rhône). A sa sortie de cet entonnoir, le fleuve se dirige vers le Sud, traverse la gorge de *Pierre-Châtel*, puis remonte vers le N. O. Après avoir reçu l'Ain, il serpente jusqu'à *Lyon* dans une vaste plaine, où son lit est parsemé d'îles et de bancs de sable ; à partir de cette ville, il prend jusqu'à la mer la direction du Sud. Il passe à *Vienne*, *Tournon*, *Valence*, franchit encore un étroit défilé au-dessus de *Montélimar*, arrose *Avignon* et *Tarascon*.

En amont d'*Arles*, il se divise en deux bras : le *Grand Rhône*, à l'Est, qui emporte presque toute l'eau du fleuve, et le *Petit Rhône*, qui va se jeter dans la mer au milieu de marais et d'étangs. Entre ces deux bras se trouve l'île de *la Camargue*, contrée marécageuse, malsaine et inculte, quoique formée de terres fertiles.

Affluents de la rive droite du Rhône. — Les principaux affluents du Rhône, sur la rive droite, sont : l'*Ain*, dont la vallée est presque partout étroite et profonde ;

La *Saône,* qui sort des monts Faucilles et qui vient se jeter dans le Rhône à Lyon. Cette grande rivière au cours tranquille arrose *Gray, Auxonne* et *Châlon-sur-Saône.* Son principal affluent est le *Doubs,* qui prend sa source dans l'arête supérieure du Jura. Le Doubs, dont la vallée est un long défilé, se dirige vers le N. E. ; il débouche à *Pontarlier* par la cluse de *Joux,* arrose *Morteau* et sert de limite pendant quelque temps entre la France et la Suisse. Dans ses nombreux replis il sort un instant de France au coude de *Sainte-Ursanne,* s'échappe du Jura par la cluse de *Pont-de-Roide,* arrose *Baume-les-Dames* et enveloppe *Besançon* dans ses lacets.

Le Doubs reçoit l'Allaine, qui passe à *Montbéliard,* et la Savoureuse qui arrose *Belfort.*

En aval de Lyon, la proximité des montagnes du Vivarais et des Cévennes ne permet pas aux affluents du Rhône d'atteindre une grande longueur. Ce ne sont plus que des torrents. Les plus redoutables sont l'*Ardèche,* la *Cère* et le *Gard* (ou Gardon), qui roulent des masses d'eau considérables au moment des pluies, presque toujours orageuses, qui s'abattent sur le versant méditerranéen des Cévennes.

Affluents de la rive gauche du Rhône. — Les affluents de gauche du Rhône viennent des Alpes.

Ce sont d'abord le Fier, qui reçoit l'écoulement du lac d'Annecy, et le canal de Savière, qui sert de déversoir au lac du Bourget, puis des cours d'eau plus importants :

1° L'*Isère,* sorti des glaciers de la Vanoise, qui n'est d'abord qu'un torrent emprisonné entre les hautes murailles des Alpes de Savoie. Il passe près d'*Albertville*, à *Chamousset*, puis, grossi de nombreux torrents, il devient puissante rivière et traverse une riche vallée que les digues protègent contres ses crues redoutables. Il arrose *Grenoble*, contourne le massif de la Grande-Chartreuse et vient se jeter dans le Rhône au-dessus de Valence.

Les principaux affluents de l'Isère sont des torrents impétueux, comme l'*Arc*, qui conduit au mont Cenis et qui passe à *Lesseillon* et à *Modane;* le *Drac*, plus dangereux encore, qui finit au-dessous de Grenoble après s'être grossi de la *Romanche*.

2° La *Drôme*.

3° La *Durance*, qui sort du mont Genèvre et qui n'est qu'un vaste torrent, au lit très large, tantôt roulant à lui seul autant d'eau que tous les fleuves de France réunis, tantôt réduit à d'étroits filets serpentant au milieu de champs de pierres et d'une multitude de petites îles.

Cette rivière passe à *Briançon*, à *Mont-Dauphin*, à *Embrun*, à *Sisteron*, et finit un peu au-dessous d'Avignon.

La *Durance* et son principal affluent le *Verdon*, grâce à un grand nombre de canaux, ont été utilisés pour arroser et fertiliser les campagnes desséchées de la Basse Provence (canal de Craponne, etc.). Une partie des eaux de la Durance est amenée à Marseille par le magnifique aqueduc de Roquefavour.

Bassins secondaires. — A l'Est du Rhône, on rencontre : l'*Argens;*

Le *Var*, qui a servi de limite à la France et dont le cours rapide, au lit changeant, est guéable presque partout, excepté dans l'hiver, où il devient redoutable par ses inondations. Il passe à Entrevaux.

La *Roya*, qui naît au col de Tende (Italie) et qui finit sur la côte italienne après avoir coulé en France pendant une vingtaine de kilomètres.

A l'ouest du Rhône se trouve l'*Hérault*, sorti des Cévennes, qui descend rapidement vers le Sud à travers des gorges étroites et sauvages.

Principaux canaux. — C'est par la Saône et le Doubs que le Rhône est mis en communication avec les bassins voisins. Les principaux canaux sont : le canal du Rhône au Rhin, le canal de l'Est, le canal de Bourgogne et le canal du Centre, qui part de Chalon-sur-Saône et finit à Digoin, sur la Loire.

TRACÉ DE LA FRONTIÈRE SUISSE.

La frontière suisse commence au S. E. de Belfort; elle suit la ligne de partage des eaux entre l'Ill et le Doubs, puis coupe cette rivière en laissant à la Suisse le coude de Sainte-Ursanne. Elle longe ensuite ce cours d'eau jusqu'à près de Morteau. suit la dernière crête du Jura, contourne au Sud le territoire de Genève, donne à la France une partie des rives méridionales du lac de ce nom, puis va parallèlement au Rhône jusqu'au mont Blanc, en suivant un contrefort des Alpes occidentales.

Les départements français qui touchent à la frontière suisse sont, avec le territoire de Belfort, ceux du Doubs, du Jura, de l'Ain et de la Haute-Savoie.

Les principaux chemins de fer qui, au Sud de Belfort, traversent la frontière franco-suisse passent par : Besançon, Montbéliard, Delle ;

Dijon, Auxonne, Pontarlier, Neuchâtel ;

Pontarlier, Jougne, Lausanne ;

Mâcon, Lyon, Culoz, Genève.

Organisation défensive. — La frontière française du côté de la Suisse est protégée par la neutralité de cette puissance.

Elle est défendue : au Nord, par *la barrière de fer* qui *interdit l'entrée de la trouée de Belfort* et qui va du ballon d'Alsace aux monts Lomont, contrefort du Jura ;

Au centre, par les *forts de Joux* et du *Larmont* (près de Pontarlier), qui ne barrent qu'une partie des chemins de fer et des défilés qui permettent de traverser le Jura central.

On doit compléter la défense de cette section du Jura par plusieurs ouvrages :

Au Sud, par la place des *Rousses* et par les forts de l'*Écluse* et de *Pierre-Châtel.*

Enfin, en arrière de cette défense, se trouvent la grande place de *Besançon,* dont les ouvrages ont été considérablement agrandis, *Auxonne* et la position fortifiée de *Dijon.*

Pour faciliter la défense de la frontière du Jura, on construit en France plusieurs nouvelles lignes de chemins de fer. L'une ira directement de Besançon à Morteau.

Partie comprise entre le Rhône et le mont Blanc. — La partie de la Savoie qui s'étend à l'Ouest de la frontière suisse, du lac de Genève au mont Blanc, bien qu'appartenant à la France, est neutre ; il n'y existe pas de forteresse.

D'après les clauses du traité de Turin (1860), en cas de guerre de la France contre une autre puissance, la Suisse aurait le droit d'occuper cette région.

FRONTIÈRE DU S. E.

Tracé de la frontière entre la France et l'Italie. — La frontière franco-italienne part du mont Blanc, qui sert de démarcation entre la France, la Suisse et l'Italie. Cette frontière suit les Alpes jusqu'au col de Tende; elle laisse à l'Italie les sources de la Roya, donne à la France le cours moyen de cette rivière et vient finir à l'Ouest de l'embouchure de ce cours d'eau.

Les départements français qui touchent à l'Italie sont la Haute-Savoie, la Savoie, les Hautes-Alpes, les Basses-Alpes et les Alpes-Maritimes.

Outre des sentiers et de mauvais chemins muletiers, six routes seulement et deux chemins de fer donnent accès d'Italie en France.

Les deux routes du mont Saint-Bernard et du mont Cenis, ainsi que le chemin de fer du Mont-Cenis (pic de Fréjus), conduisent dans la vallée de l'Isère.

Les routes du mont Genèvre et du col de l'Argentière mènent dans le bassin de la Durance.

Enfin, par le col de Tende, par la belle route de la Corniche (conduisant de Nice à Gènes en suivant le littoral) et par le chemin de fer qui longe cette route, on pénètre en Provence, pays excessivement pauvre dans la montagne, mais où sur la côte on trouve *Nice*, *Toulon* et *Marseille*.

Organisation défensive. — La frontière du S. E. est protégée au Nord par la neutralité de la Suisse et de la Savoie septentrionale. On ne rencontre de ce côté que les petits forts de l'*Écluse* et de *Pierre-Châtel* pour interdire les passages du Rhône. Plus en arrière est *Lyon*.

Au S. O. du mont Blanc, les vallées de l'Isère, de la Durance et le littoral sont défendus :

1° La *vallée de l'Isère*, par les ouvrages d'*Albertville*, par les forts de *Lesseillon*, qui protègent le débouché du col du mont Cenis, par la série des ouvrages construits près de *Chamousset* à la réunion des deux vallées de l'Isère et de l'Arc (forts d'Aiton, de Montperché, de Montgilbert, etc.), par le fort *Barraux* et par la *place de Grenoble*, entourée d'ouvrages détachés;

2° La *vallée de la Durance*, par la place très importante de *Briançon*, par *Tournoux*, *Mont-Dauphin* et par quelques petits postes (fort Queyras, Embrun, fort Saint-Vincent, Sisteron, Colmars, Entrevaux);

3° La Provence ou plutôt le littoral, par les ouvrages que l'on élève autour de *Nice* et par la place de *Toulon* (voir huitième séance).

En arrière des frontières de l'Est et du S. E. se trouve *Lyon*. Cette place doit être le réduit central de la défense de ces frontières comme Paris est celui des fronts du Nord et du N. E. Des forts détachés à grande distance (1) protègent cette ville, qui est la deuxième de France.

(1) Les principaux ouvrages qui entourent Lyon sont : les forts du Mont-Verdun, du Mont-Ceindre, de Vancia, de Veyron, de Bron, de Feyzin, etc.

FRONTIÈRE DU CÔTÉ DE L'ITALIE.

Les Italiens ont apporté tous leurs soins à se fortifier contre la France. Tous les passages des Alpes occidentales sont défendus. Outre les anciens forts de Bard, d'Exilles, de Fénestrelle, qui ont été améliorés, de nouveaux ouvrages ont été construits sur le plateau du mont Cenis et au débouché des cols de Tende, de Nava, de San-Bernardo et de Cadibone.

En arrière se trouvent les places fortes de l'Italie septentrionale : Gênes, Alexandrie, etc. (voir deuxième séance).

SIXIÈME SÉANCE.

FRONTIÈRE DU S. O. OU DES PYRÉNÉES
(BASSINS DE L'AUDE, DE LA GARONNE ET DE L'ADOUR).

Les Pyrénées et la petite rivière de la Bidassoa séparent la France de l'Espagne.

Pyrénées. — La partie des Pyrénées comprise entre la France et l'Espagne constitue une haute chaine de montagnes, aux sommets aigus, s'étendant du cap Creus jusqu'au col de Bélate sur une longueur de 450 kilomètres. Vers le milieu, la chaine forme au Sud un coude presque rectangulaire qui renferme le val d'Aran et les sources de la Garonne.

Ces montagnes ne sont pas, comme les Alpes, composées de massifs séparés; elles forment, au contraire, une muraille ou plutôt une suite de murailles, dans lesquelles on rencontre de nombreux cols, appelés ports dans le pays. Bien que moins hautes que les Alpes, bien que renfermant moins de forêts et beaucoup moins de neiges perpétuelles, les Pyrénées sont plus difficiles à traverser que ces montagnes, et cela tient à l'entrecroisement confus des contreforts à leur base et, souvent, à la présence d'un certain nombre de chaines secondaires à peu près parallèles à la chaine principale : aussi, la plupart des passages sont impraticables ou du moins ne sont traversés que par les hardis habitants de ces âpres contrées.

Le centre des Pyrénées est la partie la plus haute et la plus épaisse de la chaîne ; aux extrémités, les montagnes s'abaissent et ont permis d'ouvrir quelques communications carrossables entre l'Espagne et la France.

On peut diviser les Pyrénées en Pyrénées orientales, Pyrénées centrales et Pyrénées occidentales.

Pyrénées orientales. — Les Pyrénées orientales s'étendent de la Méditerranée au col de Puymorens (sources de l'Ariège, à l'Est du Pic de Carlitte). Elles commencent sur les côtes par les escarpements du cap Creus et du cap Cerbère. Peu élevées au début, mais dénudées et extrêmement escarpées, ces montagnes, qui portent près de la mer le nom d'Albères, n'offrent d'abord que des sentiers de mulet (col de Belistre, par où passe le chemin de fer de Perpignan à Barcelone).

Les principaux cols qui traversent ensuite les Pyrénées orientales sont le *col du Perthus,* par où passe une route carrossable conduisant de Perpignan en Espagne, et les *cols de la Perche* et *de Puymorens,* passages de routes depuis peu carrossables.

Pyrénées centrales. — Les Pyrénées centrales vont des sources de l'Ariège (col de Puymorens) aux sources du gave de Pau (à l'Est du mont Perdu).

On ne rencontre dans cette partie des Pyrénées que de mauvais sentiers (port de Venasque, etc.). Les principaux sommets sont en Espagne, dans le massif de la Maladetta, où se trouvent les plus grands glaciers et le pic le plus élevé de toute la chaine (pic d'Anéthou, 3,404 mètres).

Pyrénées occidentales.—Les Pyrénées occidentales vont en s'abaissant vers l'Océan, mais elles renferment encore, dans la partie orientale, des sommets très élevés. Les principaux sont, en France, le *Vignemale* (3.290 mètres) et le *pic du Midi d'Ossau*. Les passages les plus importants sont : celui du *Somport,* suivi par une route carrossable jusqu'à la limite de la frontière française ; celui du *col de Roncevaux;* celui *des Aldudes,* par où l'on a projeté de tracer un chemin de fer de Bayonne à Pampelune ; et enfin celui du *col de Bélate,* par où passe une route carrossable conduisant de Bayonne à Pampelune.

A l'Ouest du col de Bélate, les Pyrénées se prolongent en Espagne jusqu'au cap Finistère. En France, elles envoient au N. O. jusqu'au fond du golfe de Gascogne des rameaux couverts de forêts ou de pâturages : ce sont les *montagnes du pays basque*. C'est au pied de leurs dernières pentes, près du rivage, que passent, par *Bayonne* et *Saint-Sébastien,* la route la plus facile et un des deux chemins de fer qui unissent la France et l'Espagne.

Contreforts des Pyrénées. — Les contreforts des Pyrénées, du côté de la France, sont très courts ; une route de Perpignan à Bayonne, par Foix, Saint-Gaudens, Tarbes et Pau, longe leur pied. Du côté de l'Espagne, au contraire, ils sont longs et épais et rendent difficiles les communications entre les différentes vallées de l'Èbre.

En France, les principaux contreforts sont : 1° le *massif du Canigou*, prolongé par la *chaîne des Aspres* ; 2° les *Corbières,* entre la Têt et l'Aude, composées de rochers escarpés, sillonnées de gorges étroites et sauvages, plus difficiles à traverser que les Pyrénées orientales elles-mêmes; elles s'étendent au N. E. jusqu'à Narbonne et ne laissent entre elles et l'étang de Leucate qu'un étroit défilé; 3° les *Petites Pyrénées*, composées de chainons formant plusieurs crêtes parallèles à la chaine principale, notamment entre l'Aude et la Garonne, où l'on trouve la chaine de *Plantaurel*: ces crêtes sont reliées à la grande chaine par des contreforts très courts; 4° les *monts de Bigorre*, qui se détachent de l'extrémité occidentale des Pyrénées centrales et qui ont l'altitude et les caractères de la chaine des Pyrénées.

Les sommets principaux de ces montagnes sont le *pic Long* et le *pic du Midi de Bigorre*. Une route traverse ce contrefort.

Au Nord, les monts de Bigorre s'abaissent et s'étalent dans le vaste plateau en partie inculte de *Lannemezan*. Ce plateau se prolonge vers le Nord par les *coteaux d'Armagnac*.

Cours d'eau. — Au Nord des Pyrénées orientales se trouvent les petits bassins du Tech, du Réar, de la Têt, de l'Agly et de l'Aude, dont les eaux vont à la Méditerranée. Les quatre premiers bassins composaient autrefois la province montagneuse du Roussillon.

Au Nord des Pyrénées centrales s'étend le bassin de la Garonne.

Au Nord des Pyrénées occidentales sont les bassins de la Nivelle et de l'Adour.

Au Nord de l'Adour sont les *Landes*, vastes plaines incultes, offrant un pays sans ressources, mais cependant en voie de transformation grâce aux vastes forêts de pins qu'on y plante. Les landes s'étendent au Nord jusqu'à la Gironde et à l'Est jusqu'à la Baïse (affluent de la Garonne.)

Bassin du Tech. — Le Tech, souvent à sec en été, torrent dangereux en hiver, coule entre les Pyrénées et les Aspres, dans une gorge profonde : il arrose *Prats-de-Mollo,* Amélie-les-Bains, *Fort-les-Bains* et le Boulou.

Bassin de la Tèt. — La Tèt, rivière torrentueuse, aux inondations parfois considérables, ouvre la route du col de la Perche; sa vallée supérieure est un étroit défilé. Elle passe à *Mont-Louis,* à *Villefranche , à Perpignan.*

Bassin de l'Aude. — Le bassin de l'Aude est formé à l'Ouest par les contreforts des Pyrénées; à l'Est, par les Corbières; au Nord, par l'extrémité des Cévennes méridionales.

Cette rivière suit d'abord du Sud au Nord une étroite et profonde vallée. Elle arrose ensuite Limoux, se recourbe vers l'Est, passe à Carcassonne et coule dans la belle plaine du Bas Languedoc. Elle se jette en partie dans la mer, en partie dans l'étang de Sigean.

Bassin de la Garonne. — Le bassin de la Garonne, sauf la partie du cours du fleuve comprise dans le val d'Aran, appartient à la France. Ce bassin est borné au Sud par les Pyrénées ; à l'Est, par les Cévennes méridionales ; au Nord, par les monts de la Margeride, une partie des monts d'Auvergne, par les monts du Limousin et les collines de Saintonge ; à l'Ouest, par le plateau de Lannemezan, par une partie des coteaux d'Armagnac et par la plaine des Landes.

Ce bassin comprend, au Nord et à l'Est, une partie des hauts plateaux et des montagnes du massif central de la France. (Voir septième séance.)

La Garonne prend sa source au val d'Aran, en Espagne ; elle entre en France par l'étroite gorge du Pont-du-Roi et coule rapide vers le Nord, emprisonnée dans les contreforts des Pyrénées. Elle arrose Montréjeau, se replie vers l'Est, contourne le plateau de Lannemezan et les collines d'Armagnac, puis arrose *Saint-Gaudens* et Cazères, où elle devient navigable ; elle coule ensuite dans une longue et fertile plaine, passe à *Toulouse,* où débouche le canal du Midi, se replie vers le N. O., arrose Castelsarrasin, *Agen,* Marmande, la Réole ; puis, bordée d'un côté par la plaine des Landes, de l'autre par une ligne de coteaux garnis de vignobles, elle arrive à *Bordeaux.* En cet endroit, l'estuaire est assez large et assez profond pour recevoir les plus gros bâtiments. A quelques lieues plus loin, au *bec d'Ambès,* la Garonne s'unit à la Dordogne et forme la *Gironde.* C'est alors un véritable bras de mer.

Affluents de droite. — Parmi les principaux affluents de la rive droite de la Garonne, deux viennent des Pyrénées : ce sont le *Salat* et l'*Ariège.* Cette dernière rivière ouvre le col de Puymorens ; ce n'est d'abord qu'un torrent, qui passe à *Foix* avant de déboucher dans une plaine fertile.

Les autres affluents importants de droite de la Garonne viennent du massif central. Ils sont sujets à des crues considérables. Ce sont :

1° Le *Tarn,* qui part des monts Lozère et qui coule pendant la première partie de son cours dans une vallée très encaissée ; il en sort pour arroser *Alby* et *Montauban*. Entre autres affluents, le Tarn reçoit l'*Agout*, qui passe à Castres, et l'*Aveyron*, qui passe au pied de *Rodez*.

2° Le *Lot*, qui naît dans les monts de la Lozère, non loin du Tarn. Il coule d'abord comme lui dans des gorges profondes, passe à *Mende*, à *Cahors*, et débouche ensuite dans une plaine très fertile où se trouve Villeneuve-d'Agen. Il reçoit la Trueyre.

3° La *Dordogne*, qui part du mont Dore et qui est presque l'égale de la Garonne par la longueur de son cours et par l'abondance de ses eaux. Cette rivière arrose Bergerac, Libourne, et rejoint la Garonne au *bec d'Ambès*.

La Dordogne reçoit la *Cère*, dont un affluent, la *Jordane*, arrose *Aurillac*; la *Vézère*, grossie de la *Corrèze*, qui baigne *Tulle*; l'*Isle*, qui vient du Limousin et qui passe à *Périgueux*, Coutras et Libourne.

Affluents de gauche de la Garonne. — Les affluents de la rive gauche de la Garonne ont peu d'importance (la Neste, le Gers, la Baïse, etc.).

Bassin de l'Adour. — Le bassin de l'Adour est limité par les Pyrénées, les monts de Bigorre, le plateau de Lannemezan et les coteaux d'Armagnac.

L'Adour prend sa source au pic du Midi de Bigorre; il passe à Bagnères-de-Bigorre et sort de la région montagneuse à *Tarbes*; il arrose ensuite Dax et finit à *Bayonne*.

Le principal affluent de l'Adour, sur la rive droite, est la *Midouze*, formée à *Mont-de-Marsan* par la réunion de deux rivières.

Les principaux affluents de gauche de l'Adour sont les gaves réunis, formés du *gave d'Oloron* et du *gave de Pau.* Ce dernier sort du cirque de Gavarnie et arrose Saint-Sauveur, Lourdes, *Pau*, Orthez. L'Adour reçoit encore la *Nive*, qui ouvre le col de Roncevaux et passe à Saint-Jean-Pied-de-Port.

Bidassoa. — Cette rivière a sa source et la plus grande partie de son cours en Espagne. Elle enveloppe plusieurs îles, entre autres celle des Faisans, et se termine par un estuaire ayant sur ses bords la ville espagnole de Fontarabie et le village français d'Hendaye.

Canal du Midi. — Le bassin de la Garonne ne possède qu'un seul canal de jonction, celui du *Midi.* Ce canal suit la dépression formée par la vallée de la Garonne, prolongée à l'Est par celle de l'Aude. Il utilise les eaux de ces deux fleuves pour réunir la Méditerranée à l'Océan.

TRACÉ DE LA FRONTIÈRE.

La frontière franco-espagnole part du cap Cerbère. Elle suit les Pyrénées, mais ne reste pas constamment sur la ligne de partage des eaux. Elle laisse à l'Espagne la vallée supérieure de la Garonne et de la Nive, ainsi que la plus grande partie du cours de la Bidassoa. En revanche, elle donne à la France les sources de deux rivières du bassin de l'Èbre (l'Irati et la Sègre ; la vallée supérieure de cette dernière rivière forme la Cerdagne française). A l'Est du col de Bélate, la frontière abandonne complètement la crête des Pyrénées; après s'être dirigée vers le Nord, elle serpente à l'Ouest, à travers les montagnes du pays basque, et atteint la Bidassoa, qu'elle suit jusqu'à la mer.

Les départements français qui bordent la frontière espagnole sont ceux des Pyrénées-Orientales, de l'Ariège, de la Haute-Garonne, des Hautes-Pyrénées et des Basses-Pyrénées.

Organisation défensive. — La frontière des Pyrénées est la mieux protégée de toutes les frontières de la France. Seulement deux chemins de fer la traversent, et les routes carrossables ou sentiers que l'on pourrait rendre praticables à une armée sont fort rares.

La ligne de défense est formée, à l'Est, à partir de la côte, par *Collioure, Port-Vendres* et le *fort Saint-Elme.*

On trouve ensuite *Bellegarde* et la *redoute du Perthus,* qui interdisent le col de ce nom; *Prats-de-Mollo* et le *fort Lagarde,* qui commandent la haute vallée du Tech, et plus en arrière *Fort-les-Bains.*

Mont-Louis et *Villefranche,* sur la Têt, défendent la route du col de la Perche.

Enfin, *Perpignan* est le centre de la défense de la région des Pyrénées orientales.

La ligne de défense des Pyrénées occidentales se compose du *fort de Portalet,* qui barre la route de Somport; de la citadelle de *Saint-Jean-Pied-de-Port,* qui défend la route du col de Roncevaux, et enfin de *Bayonne,* qui est le boulevard principal de cette section de la frontière.

Du côté de l'Espagne, les provinces de Catalogne, d'Aragon, de Navarre et de Biscaye, qui touchent à la frontière française, sont défendues par un très grand nombre de places fortes ; les principales sont : Barcelone, Saragosse, Pampelune, Saint-Sébastien.

SEPTIÈME SÉANCE.

MASSIF CENTRAL. — BASSIN DE LA LOIRE.

Au centre de la France, entre le canal du Centre et le col de Naurouze d'une part, le Rhône et la source de la Charente (extrémité des monts du Limousin) d'autre part, se trouve le *Massif central,* vaste plateau sur lequel se dressent les *monts d'Auvergne,* les *monts de la Margeride,* les *monts de Limousin,* les *chaînes du Velay, du Forez,* les *monts d'Aubrac,* etc.

Cette région, interposée entre les grands bassins du Rhône, de la Seine, de la Garonne et de la Loire, fut longtemps un obstacle pour l'établissement des relations entre le Nord et le Sud, l'Est et l'Ouest de la France.

Description du Massif. — A l'Est et au Sud, le *Massif central* a pour talus les pentes rapides des *Cévennes.* Au S. O. et au N. O., il s'abaisse doucement et se perd généralement dans les plaines par des terrasses et des rangées de collines courant entre les rivières.

La partie la plus haute du massif est dans les *monts d'Auvergne.* Les monts boisés de la *Margeride* relient au S. E. les monts d'Auvergne aux Cévennes. A l'Ouest, le plateau nu et aride de *Millevaches* avec les monts du *Limousin,* qui vont en s'abaissant dans la plaine du Poitou, continuent de former, avec les deux chaînes précédentes le dos principal du massif et la séparation entre les eaux de la Loire et celles de la Garonne.

Au Nord de cette ligne de partage, dans le bassin de la Loire, la chaine épaisse du *Velay* et du *Forez* et les monts de la *Marche* se dirigent vers le Nord et le N. O. ; au Sud, les monts d'*Aubrac* avec leurs escarpements abrupts sur le Lot, les *Causses* et leurs prolongements, couvrent une grande partie du bassin de la Garonne.

Monts d'Auvergne. — Ces montagnes sont d'anciens volcans ; elles comprennent :

1° Le *Massif du Cantal,* dont le plus haut sommet est le Plomb du Cantal (1.858 mètres). Sur les flancs de ce massif, couvert de neige pendant six mois de l'année, s'étalent quelques belles forêts et de vastes pâturages ; une dépression qui se trouve en son milieu donne passage au chemin de fer d'Aurillac.

2° Les *monts Dore*, avec le *Puy de Sancy* (1.886 mètres), le plus haut sommet des monts d'Auvergne et de toute la France, après ceux des Alpes et des Pyrénées.

3° Les *monts Dôme,* avec le Puy de Dôme (1.465 mètres), beaucoup moins élevés que les montagnes précédentes.

Le massif central est presque entièrement enveloppé de plaines ; quelques-unes même sont enfermées entre ses chaines, comme la riche et fertile *Limagne,* entre les monts d'Auvergne et les monts du Forez, et la *plaine du Forez,* entre les montagnes de ce nom et les monts du Vivarais.

A l'Est, ce sont les plaines de la Saône et du Rhône ; au Sud, c'est la riche plaine du Bas-Languedoc et la fertile plaine de la Garonne ; à l'Ouest. c'est celle plus monotone et moins fertile du Poitou ; au Nord, c'est *la grande plaine du Centre*, qui s'étend jusqu'à la Loire et qui renferme, avec des régions très fertiles, de vastes forêts et de longues étendues couvertes d'étangs, de marais et de landes. Ces derniers espaces, qui autrefois étaient non seulement infertiles, mais encore malsains, se transforment rapidement par des travaux bien entendus (Sologne).

BASSIN DE LA LOIRE.

Le bassin de la Loire, compris en partie dans le massif central, occupe plus d'un cinquième du territoire de la France. Ses limites sont : au Nord, la partie occidentale des *collines* peu importantes du *Maine*, les *collines de Normandie*, les *coteaux du Perche*, le *plateau* peu élevé et très fertile *de la Beauce* ; à l'Est, les collines boisées du *Nivernais*, le massif sauvage, boisé et difficile du *Morvan*, les *Cévennes septentrionales* ; au Sud et au S. O., *les monts de la Margeride*, une partie des *monts d'Auvergne*, les monts du *Limousin*, le dos de pays du Poitou, le *plateau de Gatine* et le *Bocage vendéen*.

Au N. O. du bassin, est le *Bocage normand*, région boisée, coupée et difficile, constituée par les collines de Normandie.

Au S. O. est le *Bocage vendéen*, pays de landes et de chemins creux, particulièrement propre à la guerre de partisans. Il est formé par un ensemble de collines entrecroisées les unes dans les autres, sillonnées de ravins, couvertes de fourrés et de clôtures infranchissables.

A l'Ouest du Bocage est la *Plaine,* pays moins tourmenté, mais toujours difficile, qui est bordée elle-même du côté de l'Océan par une bande de marécages que l'on appelle le *Marais.*

A l'Ouest du bassin de la Loire s'étend la presqu'île de Bretagne.

Cours de la Loire. — La Loire est le plus long fleuve de France. Au moment des grandes pluies, cette rivière est sujette à des crues soudaines et considérables qui, plusieurs fois, ont rompu les digues et causé des inondations désastreuses ; elle ne forme plus, au contraire, pendant la saison sèche, qu'un mince filet d'eau.

La Loire prend sa source au mont *Gerbier des Joncs,* dans les monts du Vivarais, et coule d'abord du Sud au Nord dans une vallée fort encaissée. Elle passe près du *Puy;* à *Roanne,* le fleuve entre en plaine et devient navigable. Il arrose *Digoin, Nevers,* coule dans un lit parsemé d'îles et baigne *Sancerre, Cosne, Gien* et *Orléans.*

La Loire se replie alors vers le S. O., passe à *Beaugency, Blois, Tours,* prend la direction de l'Est à l'Ouest, traverse *Saumur,* les Ponts-de-Cé (près d'Angers), *Ancenis, Nantes,* et baigne *Paimbœuf* et *Saint-Nazaire.*

Depuis Orléans, et surtout depuis Blois, la vallée du fleuve est toujours riante et fertile ; le cours du fleuve est semé d'une multitude d'iles et de bancs de sable.

Affluents de la rive droite de la Loire. — Jusqu'à Roanne, les affluents de la Loire ne sont que des torrents, mais leurs vallées ont permis d'ouvrir au travers des montagnes des communications avec le bassin de la Saône.

Les autres affluents de droite notables sont : l'*Arroux*, qui sort du Morvan. Il passe à *Autun* et possède dans son bassin de riches dépôts de houille (Epinac, le Creusot).

La *Nièvre;* la *Maine,* qui baigne *Angers* et qui est formée de la *Mayenne* et de la *Sarthe.* La Mayenne part des collines de Normandie, arrose *Laval, Château-Gontier,* se grossit de nombreux petits affluents et débouche dans les prairies où elle se joint à la Sarthe.

La *Sarthe* prend sa source dans les coteaux du Perche ; elle baigne *Alençon, le Mans,* reçoit l'*Huisne,* qui arrose *Nogent-le-Rotrou,* et le *Loir*, qui passe à *Châteaudun, Vendôme* et *la Flèche.*

A Nantes, la Loire reçoit l'*Erdre.*

Affluents de la rive gauche de la Loire. — Les principaux affluents de gauche de la Loire sont : l'*Allier,* qui sort des monts de la Lozère un peu au Sud de la Loire. Jusqu'à *Brioude,* il coule dans un ravin boisé, sauvage et profond ; il débouche en cet endroit dans la belle plaine de *la Limagne,* passe près de *Vichy,* à *Saint-Germain-des-Fossés,* à *Moulins,* à *Saincaize,* et finit en aval de *Nevers.*

C'est une rivière capricieuse, sujette à des crues redoutables.

L'Allier reçoit à gauche l'Alagnon et la Sioule ; à droite, la Dore.

Les autres affluents de gauche de la Loire sont : le *Loiret ;* le *Cher,* redoutable par ses débordements, qui sort des monts de la Marche et passe à *Vierzon.* Il reçoit l'Yèvre, qui passe à *Bourges,* et la Saudre, qui arrose la Sologne.

L'*Indre*, qui passe à *Châteauroux*.

La *Vienne*, qui sort du plateau de Millevaches. Elle court d'abord dans une vallée resserrée, arrose *Limoges*, s'élargit dans le Poitou, passe à *Châtellerault* (manufacture d'armes), traverse *Chinon*, coule au sud des landes du camp du Ruchard et finit en amont de *Saumur*.

La Vienne reçoit à gauche le Clain, qui vient des collines du Poitou et qui passe au pied de *Poitiers;* à droite, la Creuse, qui passe à Aubusson et qui se grossit de la Petite Creuse et de la Gartempe.

Le *Thouet,* qui finit en aval de Saumur.

La *Sèvre-Nantaise,* qui traverse le pays le plus confus de la Vendée et finit à *Nantes*.

Enfin l'*Acheneau*, qui sert de déversoir au lac de Grand-lieu.

Canaux. — Les principaux canaux qui font communiquer la Loire avec les autres grands bassins ont été cités dans la description de ces bassins.

Dans le bassin même du fleuve on trouve le canal latéral de la Loire (de Briare à Roanne).

Le canal du Berry, qui part de Vierzon, passe à Bourges et rejoint le précédent.

Le canal de Montluçon s'embranche sur le canal du Berry.

BASSINS CÔTIERS ENTRE LA LOIRE ET LA GARONNE.

Les bassins côtiers entre la Loire et la Garonne sont ceux du *Lay*, de la *Sèvre-Niortaise*, de la *Charente* et de la *Seudre*.

La *Sèvre-Niortaise* sort du plateau de Gatine, arrose *Saint-Maixent*, *Niort*, et reçoit la Vendée.

Charente. — La Charente prend sa source à l'extrémité des monts du Limousin. Dans ses nombreux changements de direction, elle arrose ***Ruffec***, ***Angoulême***, ***Cognac***, *Saintes* et ***Rochefort***.

BASSINS CÔTIERS ENTRE LA LOIRE ET LA SEINE. — BRETAGNE.

Au Nord de la Loire, on trouve d'abord les petits fleuves de la *Bretagne*. Leurs vallées étroites, généralement bordées de montagnes aux rochers escarpés, couvertes de landes et de forêts (monts de Bretagne, monts d'Arrée, montagnes Noires), constituent un pays sauvage et très difficile.

Les principaux sont : la *Vilaine*, qui part des collines du Maine. Elle arrose Vitré, *Rennes*, Redon, et se jette dans la mer par un large estuaire, après avoir reçu de nombreux petits affluents (l'Ille, l'Oust, etc.).

Le *Blavet*, qui passe à Pontivy et dans l'estuaire duquel on a construit le port de Lorient.

L'*Aulne*, dont la vallée sépare les monts d'Arrée des montagnes Noires, et qui vient finir dans la rade de Brest après avoir arrosé Châteaulin.

Ces trois fleuves sont tributaires de l'Océan.

La principale rivière de Bretagne tributaire de la Manche est la *Rance*, qui passe au pied de Dinan et qui finit à Saint-Servan, au Sud de *Saint-Malo*.

Les autres petits bassins côtiers de quelque importance

appartiennent à la Basse-Normandie ; ce sont : la *Vire*, qui passe à *Saint-Lô ;* l'*Orne*, qui descend des collines du Perche et arrose Argentan et *Caen ;* la *Dives*, qui baigne Mézidon ; la *Toucques*, qui part des collines du Perche, passe à Lisieux, à Pont-l'Évêque, et finit entre Trouville et Deauville. Les vallées de ces cours d'eau ne sont, pour ainsi dire, que de longs tapis d'herbe offrant d'excellents pâturages.

HUITIÈME SÉANCE.

FRONTIÈRES MARITIMES. — ALGÉRIE. — CORSE.

Frontières maritimes. — CÔTE N.O. (*de Dunkerque à la pointe Saint-Mathieu*). — De Dunkerque à la pointe Saint-Mathieu, les côtes de France sont baignées par la mer du Nord, le Pas-de-Calais et la Manche (1).

Mer du Nord. — La frontière maritime commence, sur la côte de la mer du Nord, à 13 kilomètres au N.E. de *Dunkerque*. Toute la côte, jusqu'à l'Ouest de Calais, est basse, bordée de dunes et protégée à certains endroits par des digues artificielles.

Les principaux points sur ce rivage sont: *Dunkerque*, qui possède la meilleure rade de la mer du Nord, *Gravelines* et *Calais*.

Pas-de-Calais. — A l'Ouest *de Calais*, le rivage du *Pas-de-Calais* est formé par les falaises des *caps Blanc-Nez et Gris-Nez*, qui ne laissent entre la France et l'Angleterre qu'une largeur de 34 kilomètres.

Le tunnel sous-marin qui doit réunir l'Angleterre à la France aboutira à quelques kilomètres à l'Ouest de Calais.

(1) Les départements qui se trouvent sur cette côte sont ceux du Nord, du Pas-de-Calais, de la Somme, de la Seine-Inférieure, de l'Eure, du Calvados, de la Manche, d'Ille-et-Vilaine, des Côtes-du-Nord et du Finistère.

Manche. — Au Sud du cap *Gris-Nez jusqu'à Boulogne*, les côtés sont bordées de falaises, puis jusqu'à la *Somme*, elles sont basses, parsemées de dunes et même de marécages; on n'y rencontre que de petits ports aux embouchures vaseuses de la Canche, de l'Authie et de la Somme; le principal est celui de *Saint-Valery-sur-Somme.*

Au Sud de la *Somme* jusqu'à l'embouchure de la *Seine*, la côte est garnie de falaises très escarpées. Dans les échancrures de cette muraille se trouvent les petits ports du Tréport, de Dieppe, de Saint-Valery-en-Caux, de Fécamp, etc.

Le Havre, situé sur l'estuaire de la Seine, que domine le *cap de la Hève,* est le plus grand port marchand de la France sur l'Atlantique. Malheureusement, malgré les nombreux travaux exécutés jusqu'à ce jour, des bancs de sable embarrassent encore la navigation de la baie de la Seine.

En face du Havre est le port de *Honfleur.*

A l'Ouest *de la Seine* jusqu'à l'embouchure vaseuse *de l'Orne,* la côte est formée presque partout par une plage de sable; les ports dans cette partie sont sans importance (Trouville, Deauville, etc.).

Au delà de l'Orne on rencontre les *rochers du Calvados,* qui s'étendent parallèlement à la plage, puis le *golfe de Carentan.* La côte forme ensuite une immense baie, d'accès facile, bordée jusqu'à *la Hougue* par une grève de sable et des dunes; puis elle est semée de roches et inabordable jusqu'à la pointe de *Barfleur,* extrémité orientale de la presqu'île *du Cotentin.* En face des rades de *la Hougue* se trouvent les deux ilots de *Saint-Marcouf.*

Entre la pointe de Barfleur et le cap *de la Hague,* extrémité occidentale du Cotentin, sur une côte toujours rocheuse, on rencontre la pointe de *Querqueville* et la digue gigantesque du grand port de *Cherbourg.*

Au sud du cap *de la Hague* se trouve l'anse de *Vauville,* puis une plage de sable et de dunes baignées par une mer que des écueils nombreux et des courants violents rendent très dangereuse (passage de la Déroute). Sur cette côte se trouve le port de *Granville.*

En face de ce rivage sont les *îles Anglo-Normandes* (Jersey, Guernesey, Aurigny, etc.), qui sont aux Anglais, et les îles *Chaussey,* qui nous appartiennent.

Au Sud de Granville s'étend la grève basse et sablonneuse qui occupe le fond de la baie du *Mont-Saint-Michel.* C'est le commencement de la côte bretonne.

La côte de la Bretagne est la plus rocheuse et la plus découpée de France.

A partir de la grande rade de *Cancale,* le rivage se hérisse de roches et est semé de dangereux écueils, mais les nombreux ports logés dans les anfractuosités sont bien abrités. On rencontre *Saint-Malo* et *Saint-Servan, Dinard,* la *baie de Saint-Brieuc, Paimpol,* puis en mer l'île *Brehat* et les rochers des Sept-Iles.

On trouve ensuite la rade *de Morlaix,* puis l'île de *Batz,* et on arrive à l'extrémité du Finistère, à la pointe de *Corsen.*

En face se trouve l'île d'*Ouessant.*

Au Sud est la pointe *Saint-Mathieu.*

CÔTE OUEST (*de la pointe Saint-Mathieu à l'embouchure de la Bidassoa*). — Cette partie du rivage est baignée par l'Océan et le golfe de Gascogne (1).

Au sud de la pointe Saint-Mathieu, la côte de Bretagne tourne brusquement à l'Est et forme un enfoncement profond de plus de 9 kilomètres : c'est la *rade de Brest*, parfaitement abritée, qui pourrait contenir toutes les flottes d'Europe réunies. On rencontre ensuite la baie beaucoup moins sûre de *Douarnenez* et celle d'*Audierne*.

Entre ces deux baies se trouvent la pointe du *Raz*, l'île de Sein et les rochers de ce nom. A cette extrémité du continent, la côte offre un aspect excessivement sauvage (Enfer de Plogoff, baie des Trépassés, etc.).

Côte méridionale de Bretagne. — Sur le versant méridional de la Bretagne, les rochers apparaissent encore, mais les côtes sont plus basses et les baies sont souvent ensablées par des débris de roches. Les principales découpures de la côte sont la baie de *la Forest* et l'*estuaire du Blavet*, au fond duquel se trouve le port militaire de *Lorient*. En avant de la baie de la Forest sont les iles *Glénan*, et en avant du Blavet l'île de *Groix*.

Sur la côte bordée de dunes jusqu'à l'étroite presqu'ile de *Quiberon* on rencontre ensuite la baie de *Quiberon*, dans laquelle débouche une petite mer intérieure couverte d'iles, le *Morbihan*. Sur ses bords se trouve *Vannes*. Au sud est *Belle-Ile*, la principale ile de cette région.

(1) Les départements qui bordent cette côte sont ceux du Finistère, du Morbihan, de la Loire-Inférieure, de la Vendée, de la Charente-Inférieure, de la Gironde, des Landes et des Basses-Pyrénées.

La côte est ensuite formée de falaises jusqu'à l'estuaire de la Vilaine; plus loin, sur la presqu'île de Guérande, couverte de dunes et de marais salants, on trouve le petit port du *Croisic*. Vient ensuite l'entrée de la Loire, entre la pointe de *Chemoulin* et celle de *Saint-Gildas*, avec les ports de *Paimbœuf* et de *Saint-Nazaire*. Là se termine la presqu'île Bretonne.

La côte de la Loire à la Gironde. — Au Sud de la pointe de Saint-Gildas, la côte, d'abord bordée de rochers, s'abaisse bientôt et se couvre de terrains marécageux qui gagnent chaque jour sur la mer. On rencontre les îles de *Noirmoutier* et d'*Yeu* en face de la côte vendéenne, le port des *Sables-d'Olonne*, puis le *pertuis Breton*, qui sépare un rivage couverts de marais de l'*île de Ré*, et le *pertuis d'Antioche*, entre cette île et celle d'*Oléron*. Près de cette dernière sont la petite île et la rade d'*Aix*. En arrière de ces îles se trouvent le port de *la Rochelle* et le port militaire de *Rochefort*, sur la Charente.

Au sud de la Charente, la côte bordée de dunes et boisée de pins, s'étend jusqu'à l'estuaire de la Gironde, au milieu duquel est la tour de Cordouan et que ferme au midi la pointe de *Grave*.

De la Gironde à la Bidassoa. — Au sud de l'estuaire de la Gironde la côte se dirige presque directement au Sud. Elle est battue par les vents et par les vagues du *golfe de Gascogne*, redoutable par ses tempêtes. Des rangées de dunes qu'on est arrivé en partie à fixer par des pins, bordent le rivage jusqu'au Sud de l'Adour.

Sur toute cette côte il n'y a pas un port d'abri.

On rencontre *Arcachon*, dont le bassin est très difficilement accessible, *Bayonne* et *Saint-Jean-de-Luz*, dont on essaye de faire un port pouvant recevoir de gros navires.

Côte S. E. (*du cap Cerbère à Menton*). — Ce côté est baigné par la Méditerranée (1).

La côte est d'abord hérissée par les promontoires des Albères. On y trouve *Port-Vendres*, où peuvent pénétrer les plus grands bâtiments, puis la petite rade de *Collioure*.

Au Nord de cette ville, la côte quitte les rochers et n'est plus formée que par une plage basse et sablonneuse qui s'étend presque jusqu'à l'embouchure du Rhône. En arrière de la côte est une chaîne d'étangs et de marais séparés par d'étroits intervalles.

On rencontre sur cette côte jusqu'au delta du Rhône les petits ports de *la Nouvelle*, de *Cette* et d'*Aigues-Mortes*.

Les principaux étangs sont ceux de *Leucate*, de *Sigean* et surtout celui de *Thau*, qui est une véritable mer intérieure où vient déboucher le canal du Midi.

A l'Est d'Aigues-Mortes commence le delta du Rhône avec l'île de *la Camargue*, l'étang de *Valcarès* et de nombreux marais salants.

A l'Est des Bouches-du-Rhône est le port de *Bouc*, sur le golfe de *Fos*, qui communique avec l'étang de Berre.

Au Sud de Bouc. la côte change d'aspect; elle devient généralement rocheuse, découpée, dominée par des montagnes qui vont, en s'élevant vers l'Est, rejoindre la grande chaîne des Alpes.

(1) Les départements qui se trouvent sur cette côte sont ceux des Pyrénées-Orientales, de l'Aude, de l'Hérault, du Gard, des Bouches-du-Rhône, du Var et des Alpes-Maritimes.

On rencontre la vaste baie de *Marseille,* au fond de laquelle est la grande cité provençale et le premier port de commerce de la France. Dans l'intérieur de la baie, plusieurs îles abritent la rade et les ports.

Entre le cap *Sicié* et la presqu'île de *Giens* s'ouvre une immense baie dans laquelle se trouve à l'Ouest la rade du grand port militaire de *Toulon.*

La presqu'île de Giens sépare la rade de Toulon de la rade d'*Hyères,* célèbre par son étendue et la sûreté de son mouillage. Au Sud de la rade sont les îles d'*Hyères,* au nombre de quatre.

La côte, bordée par le pied de montagnes boisées, offre ensuite le petit port de *Saint-Tropez*, le golfe de *la Napoule,* au fond duquel est la ville de *Cannes.* On trouve les îles *Lérins,* puis, à l'Est du golfe *Jouan,* la pointe d'*Antibes* et le port de ce nom. De l'autre côté de l'embouchure du Var, on rencontre la baie et la ville de *Nice,* et enfin la rade de *Villefranche,* où les navires de guerre trouvent un excellent abri.

Sur la côte, avant la frontière italienne, sont *Monaco,* chef-lieu d'une principauté indépendante, et *Menton.*

DÉFENSE DES CÔTES.

Les principaux points fortifiés sur les côtes sont : 1° ceux qui contribuent à la défense des frontières de terre;

2° Nos cinq ports de guerre : *Cherbourg, Brest, Toulon, Lorient, Rochefort;*

3° Les principales presqu'îles (Cotentin, Bretagne), et les îles voisines du continent;

4° Les rades qui peuvent servir à une escadre ou qui offrent des facilités pour un débarquement (la Hougue, baie de Quiberon, rade d'Hyères, golfe Jouan, Villefranche, etc.) ;

5° Les estuaires des grands fleuves (Seine, Loire, Gironde);

6° Les principaux ports de commerce (Marseille, le Havre, Saint-Nazaire, Boulogne, Dieppe, la Rochelle, les Sables-d'Olonne, etc.)

ALGÉRIE.

L'Algérie est limitée à l'Est par la *Tunisie,* au Nord par la *Méditerranée,* à l'Ouest par le *Maroc*; au Sud s'étend le *Sahara.*

Côtes d'Algérie. — Les côtes d'Algérie ont un développement de près de 250 lieues. Elles s'étendent entre 4° 35' de longitude occidentale et 6° 17' de longitude orientale. Elle sont généralement bordées de falaises abruptes, et les ports, peu protégés contre les vents, n'offrent que des abris fort médiocres.

Les principales découpures de la côte sont : 1° *le golfe d'Oran*; 2° *le golfe d'Arzeu ou de Mostaganem;* 3° *la baie d'Alger; le golfe de Bougie;* 5° *le golfe de Philippeville;* 6° *le golfe de Bône.*

C'est au fond de ces baies que se trouvent les principaux ports, *Mers-el-Kebir, Arzeu, Alger, Bougie, Bône.*

Intérieur de l'Algérie. — L'Algérie, du Nord au Sud.

peut se diviser en trois zones parallèles à la côte et présentant des caractères très distincts : *le Tell*, *les Hauts Plateaux* et le *Sahara*.

Le Tell, ou région des terres cultivables, s'étend de la mer jusqu'aux Hauts Plateaux ; c'est une contrée excessivement montagneuse, se composant d'un grand nombre de massifs séparés par des plaines ou par des ravins au fond desquels coulent les torrents.

Les plaines et les terrasses, dont les principales, de l'Ouest à l'Est, sont celles d'*Oran*, d'*Egris*, de la *Métidja*, de *Sétif*, de la *Medjana*, etc., sont très fertiles ; mais les montagnes, qui atteignent quelquefois une très grande élévation, présentent des crêtes nues, des gorges sauvages, des versants rocheux et boisés.

Montagnes du Tell. — Les massifs du Tell sont souvent désignés sous la dénomination générale d'*Atlas Tellien*. (Les principaux sont ceux de *Tlemcen*, de *Tessala*, de *Mascara*, le massif *Algérien*, comprenant les massifs de Dahra et de Zakkar, les massifs de l'*Ouarensenis*, de *Djurjura* ou de la *Grande Kabylie* (2.318 mètres), les montagnes de la *Petite Kabylie* ou monts *Babors* ; le massif de *Constantine*, etc.)

Cours d'eau. — Les cours d'eau du Tell, tantôt torrentueux, tantôt desséchés, sont peu considérables ; la seule rivière importante est le *Chéliff*.

Une des branches du Chéliff traverse les Hauts Plateaux ; une autre descend de l'Ouarensenis. Ce fleuve, après avoir traversé une région marécageuse, entre dans les montagnes, passe à *Boghar*, à *Orléansville*, et atteint la mer au-dessus de Mostaganem.

Après le Chéliff, les principaux torrents du Tell sont : à l'Est, l'*Isser;* le *Sahel,* qui passe devant Aumale : l'*Oued-el-Kebir* (Rummel dans son cours supérieur), qui coule au pied de Constantine dans un ravin d'une très grande profondeur; la *Seybouse*, qui, après avoir arrosé Guelma. finit à Bône.

A l'Ouest du Chéliff on rencontre l'*Habra* et le *Sig,* qui vont se perdre dans les marais de la *Macta*. et la *Tafna*, qui reçoit l'*Isly*.

Hauts Plateaux. — Après avoir gravi les montagnes du Tell, qui forment une sorte d'escalier à marches gigantesques, on arrive sur les *Hauts Plateaux*.

Cette région est séparée du Sahara par de grandes montagnes, le *Djebel-Amour* et le massif de l'*Aurès,* reliés par une série de hauteurs moins importantes. On donne quelquefois à toutes ces montagnes le nom général d'*Atlas saharien*.

Sauf quelques parties cultivées (plateau de Sersou), la région des Hauts Plateaux est presque partout impropre à la culture des céréales.

De grands lacs (chotts), desséchés pendant la plus grande partie de l'année, des steppes, des plaines couvertes d'alfa (1), tel est l'aspect de la contrée.

Sahara. — Au Sud des Hauts Plateaux s'étend le

(1) L'alfa est une sorte de jonc que l'industrie exploite principalement pour la confection du papier.

Sahara, région des sables et des oasis, renfermant une succession de lacs desséchés dont le niveau descend sur plusieurs points au-dessous de celui de l'Océan (1).

L'eau manque presque partout, mais dès qu'elle apparait le sol devient fertile; on rencontre alors des oasis couvertes de palmiers et d'autres cultures, et on trouve une population sédentaire groupée dans des villages généralement fortifiés qu'on appelle *ksour*.

C'est dans ces *ksour* que les Arabes nomades déposent leurs grains et les réserves de provisions (2).

Climat de l'Algérie. — Le climat de l'Algérie est généralement sain, surtout depuis que les marais ont été presque partout desséchés.

La température est très variable, selon la latitude, l'altitude et l'exposition. Sur le littoral, on jouit d'un climat tempéré; dans la partie haute du Tell, les hivers sont plus rudes qu'à Paris.

Sur les Hauts Plateaux, le climat est excessif : l'hiver, il

(1) C'est en se basant sur cette particularité que l'on a proposé d'amener par un canal les eaux de la mer jusqu'au Sahara.

(2) Les principales oasis sont celles de Biskra, de l'Oued Righ, d'El-Goléa, des Beni-Mzab, de Laghouat, des Ouled-Sidi-Cheikh, etc. El-Goléa est le point le plus éloigné atteint par les colonnes françaises.

Plus au Sud se trouvent plusieurs groupes d'oasis qui servent de lieu d'étape aux caravanes qui, périodiquement, vont échanger les produits du Tell ou de l'Europe contre les productions du Soudan et de l'Afrique centrale. Ces oasis sont habitées par une population évaluée à 300.000 individus, qui se sont mis sous la protection de l'empereur du Maroc.

L'accès de cette région est interdit aux Français.

neige ; l'été, la chaleur monte à plus de 40 degrés. Dans la même journée, les variations sont souvent très grandes. Cependant, grâce à la sécheresse de l'air, le climat dans cette région est très sain.

Dans le Sahara, des nuits très fraîches succèdent à des journées très chaudes (on a constaté 56 degrés à l'ombre).

Certaines oasis sont malsaines.

Quand souffle le *simoun* ou *sirocco*, vent du Sud-Ouest, toute végétation est flétrie, et les hommes ont peine à supporter un air aussi brûlant.

Population de l'Algérie. — La population de l'Algérie dépasse 2.860.000 habitants.

Elle se compose d'environ :

2.500.000 indigènes ;

354.000 Européens (dont plus de 150.000 Français, 70.000 Espagnols, des Italiens, des Allemands, etc.),

33.000 israélites.

La population indigène comprend deux races bien distinctes : les *Kabyles* et les *Arabes*.

Les *Kabyles* sont sédentaires. Ils vivent dans des villages et cultivent le sol (on les trouve dans la grande et la petite Kabylie, dans les massifs du Dahra, de l'Ouarensenis, de l'Aurès et dans quelques oasis du Sahara). Ils sont mahométans. C'est chez eux qu'éclata la dernière insurrection en 1871.

Les *Arabes* (500.000 individus), anciens conquérants du pays, ne cultivent pas la terre. La plus grande partie est nomade et se trouve sur les Hauts Plateaux et dans le Sahara, où elle fait paître les troupeaux.

On désigne sous le nom de *Maures* les Arabes des villes.

Gouvernement. — A la tête de l'Algérie est placé un *gouverneur général civil.* Le commandement des forces militaires est exercé, sous l'autorité du gouverneur, par le général commandant le 19e corps d'armée, dont l'Algérie forme le territoire.

Administration. — Au point de vue de l'administration, la colonie est divisée en trois provinces, dont les chefs-lieux sont *Oran*, *Alger* et *Constantine.* Chacune de ces provinces comprend deux territoires distincts, l'un administré par l'autorité civile, l'autre par l'autorité militaire.

Le territoire civil englobe tout le Tell proprement dit et s'étend même au delà sur quelques points.

Le territoire civil de chaque province constitue un département. Les chefs-lieux des trois départements sont *Oran, Alger* et *Constantine.* Les sous-préfectures sont *Tlemcen, Sidi-Bel-Abbès, Mascara* et *Mostaganem* pour le premier; *Orléansville, Miliana, Dellys,* pour le second; *Sétif, Philippeville, Guelma* et *Bône* pour le troisième.

Les Hauts Plateaux et le Sahara sont sous l'administration militaire, qui est exercée par les généraux de division et par les généraux de brigade.

Pour les Arabes et les Kabyles du territoire militaire, on a conservé l'administration indigène, qui fonctionne sous l'autorité des généraux de division et sous la surveillance des bureaux arabes.

Défense de l'Algérie. — L'armée française en Algérie compte, selon les besoins, de 60 à 90.000 hommes.

Les côtes d'Algérie sont protégées par des ouvrages de fortification et par de nombreuses batteries (1). *Oran*, *Alger*, *Bône*, sont les principaux points fortifiés.

Sur les frontières de terre on trouve : du côté du Maroc, les postes de *Lalla-Maghrnia*, de *Sebdou*, d'*El-Aricha*.

Sur la frontière de la Tunisie, outre plusieurs petits postes, on rencontre *Souk-Aras* et *Tébessa*. Du côté du désert, les postes avancés sont *Géryville*, *Laghouat* et *Biskra*.

Dans la Grande Kabylie se trouve le *fort National*.

Voies de communication. — Depuis la conquête, on a ouvert en Algérie un grand nombre de routes. Les unes, parallèles à la côte, relient les principaux centres du pays entre la frontière du Maroc et la frontière de Tunisie; les autres, perpendiculaires à la côte, pénètrent dans l'intérieur jusqu'au Sahara.

Enfin, on doit donner aux chemins de fer une grande extension. Une ligne centrale ira de la frontière de Tunis à celle du Maroc et traversera la colonie ; d'autres lignes relieront cette grande artère aux ports de la côte ou se dirigeront vers le Sud jusqu'à Biskra, Tébessa et Sebdou. A l'heure présente, les principaux chemins de fer en exploitation sont ceux d'*Alger à Oran*, de *Philippeville à Constantine et Sétif*, de *Bône à Guelma*, d'*Arzeu à Saïda*.

Principales productions de l'Algérie. — Les principaux produits sont : dans le Tell, les céréales (à l'exception de

(1) Des batteries de côtes protègent les rades et les petits ports de Nemours, Mers-el-Kebir, Arzeu, Mostaganem, Tenez, Cherchell, Sidi-Ferruch, Dellys, Bougie, Djidjelly, Collo, Philippeville, la Calle.

l'avoine), les légumes, le tabac. La culture de la vigne prend de jour en jour un plus grand développement ; celle du coton s'est fort ralentie.

On rencontre, en grand nombre, des oliviers qui constituent des forêts entières, des orangers, des citronniers, des figuiers.

Au sud du Tell, la grande richesse de la région est le bétail (moutons et chèvres). L'élevage du cheval a diminué ; il est en partie remplacé par celui du mulet.

Dans la région des Oasis, on trouve des dattiers en très grande quantité.

On rencontre encore en Algérie de riches mines de fer, de cuivre, de plomb et de marbre.

Enfin, la mer fournit le corail.

CORSE.

L'île de Corse a été achetée aux Génois au milieu du siècle dernier.

C'est une contrée excessivement montagneuse, traversée du Nord au Sud par une chaîne très élevée (Monte Cinto, 2.816 mètres), qui ne permet que des communications difficiles entre les deux versants.

Les côtes sont peu accessibles; elles sont malsaines en bien des endroits, principalement la côte orientale, qui est basse et marécageuse.

La côte occidentale, très découpée, souvent rocheuse et escarpée, offre au fond de ses golfes profonds de bons abris (Saint-Florent, Calvi, Ajaccio, etc.).

L'intérieur de l'île, avec ses montagnes, ses gorges profondes et ses forêts, a un aspect excessivement sauvage. Il n'est arrosé que par des torrents.

Les environs d'*Ajaccio* et les plaines de la côte sont, en général, d'une admirable fertilité ; mais ces dernières sont peu cultivées.

L'île renferme de grandes richesses minérales.

La population de l'île n'est que de 260,000 habitants, répandus sur un espace de 8,748 kilomètres.

Les principaux points fortifiés sont *Saint-Florent*, *Calvi*, *Ajaccio*, *Bastia*.

Il n'existe pas encore de chemin de fer en Corse.

NEUVIÈME SÉANCE.

Organisation administrative et militaire. — Armée. — Marine. — Principaux chemins de fer.

Depuis le 4 septembre 1870, la France est régie par un gouvernement républicain.

L'*Assemblée nationale*, élue par le suffrage universel, exerce le pouvoir souverain et fait les lois (Sénat, Chambre des députés). Elle a délégué au *Président de la République*, nommé par elle, le pouvoir exécutif.

Le Président de la République gouverne par les *Ministres*, qui ont chacun la direction d'une des grandes branches de l'administration (intérieur, affaires étrangères, agriculture et commerce, travaux publics, guerre, marine, finances, justice, instruction publique, postes et télégraphes).

Le Président de la République est assisté du *Conseil d'Etat*, qui exerce les attributions de juge suprême en matière administrative.

Divisions administratives. — En 1790, les 33 grands gouvernements ou provinces qui existaient furent remplacés par des *départements*, et, depuis le Consulat, les divisions et subdivisions administratives de la France sont :

Les *départements*, les *arrondissements*, les *cantons* et les *communes*.

A la tête du département est un *Préfet* nommé par le Président de la République. A côté du préfet est placé le *Conseil général*, élu par les citoyens pour délibérer sur les intérêts généraux du département.

Un *Sous-Préfet*, directement subordonné au préfet, administre un arrondissement. Il est assisté du *Conseil d'arrondissement*.

Le nombre des départements formés en 1790 fut de 83.

En 1870, il était de 89, grâce à la réunion à la France du Comtat Venaissin en 1791, de la Savoie et du comté de Nice en 1860.

Depuis 1871, par suite de la perte de la presque totalité de l'Alsace et de la Lorraine septentrionale, la France ne compte plus que 86 *départements, plus le territoire de Belfort*.

Il y a 360 arrondissements.

Chaque province a formé un ou plusieurs départements, mais les limites de ces derniers sont loin de correspondre toujours exactement à celles des anciens gouvernements.

TABLEAU COMPARATIF DES DÉPARTEMENTS ET DES ANCIENS GOUVERNEMENTS.

NUMÉROS D'ORDRE des provinces.	36 PROVINCES.	DÉPARTEMENTS par province.	NUMÉROS D'ORDRE des départements.	86 DÉPARTEMENTS et 1 TERRITOIRE.	86 PRÉFECTURES. *BELFORT.	SOUS-PRÉFECTURES par département.	273 SOUS-PRÉFECTURES.
				I. AU NORD ET AU NORD-EST.			
I.	FLANDRE	1	1	NORD	*Lille*	6	Dunkerque, Hazebrouck, Douai, Valenciennes, Cambrai, Avesnes.
II.	ARTOIS	1	2	PAS-DE-CALAIS	***Arras***	5	Boulogne, Saint-Omer, Béthune. Saint-Pol, Montreuil.
III.	PICARDIE	1	3	SOMME	***Amiens***	4	Abbeville, Doullens, Péronne. Montdidier.
IV.	ILE-DE-FRANCE	5	4	SEINE-ET-OISE	*Versailles*	5	Mantes, Pontoise, Corbeil, Etampes, Rambouillet.
			5	SEINE	*Paris.*		
			6	SEINE-ET-MARNE	*Melun*	4	Meaux, Coulommiers, Provins. Fontainebleau.
			7	OISE	*Beauvais*	3	Compiègne, Clermont, Senlis.
			8	AISNE	*Laon*	4	Saint-Quentin, Vervins, Soissons, Château-Thierry.
V.	CHAMPAGNE	4	9	ARDENNES	*Mézières*	4	Rocroy, Sedan, Vouziers, Rethel.
			10	MARNE	*Châlons*	4	Reims, Sainte-Menehould, Vitry-le-François, Epernay.
			11	AUBE	***Troyes***	4	Nogent-sur-Seine, Arcis-sur-Aube. Bar-sur-Aube, Bar-sur-Seine.
			12	HAUTE-MARNE	***Chaumont***	2	Vassy, Langres.

VI.	LORRAINE	3	13	MEUSE	*Bar-le-Duc*	3	Montmédy, Verdun, Commercy.
			14	MEURTHE-ET-MOSELLE	*Nancy*	3	Briey, Toul, Lunéville.
			15	VOSGES	*Épinal*	4	Neufchâteau, Mirecourt, Saint-Dié, Remiremont.

Presque tout l'ancien département de la Moselle, une partie de celui de la Meurthe et deux cantons des Vosges ont été perdus par la guerre de 1870-1871.

VII.	De l'ALSACE, perdue par le traité de 1871, il ne nous reste plus en ce moment que le TERRITOIRE DE BELFORT.						
VIII.	FRANCHE-COMTÉ	3	16	HAUTE SAÔNE	*Vesoul*	2	Lure, Gray.
			17	DOUBS	*Besançon*	3	Montbéliard, Baume-les-Dames, Pontarlier.
			18	JURA	*Lons-le-Saulnier*	3	Dôle, Poligny, Saint-Claude.
IX.	BOURGOGNE	4	19	AIN	*Bourg*	4	Gex, Nantua, Belley, Trévoux.
			20	SAÔNE-ET-LOIRE	*Mâcon*	4	Autun, Chalon-sur-Saône, Louhans, Charolles.
			21	COTE-D'OR	*Dijon*	3	Châtillon-sur-Seine, Semur, Beaune.
			22	YONNE	*Auxerre*	4	Sens, Joigny, Tonnerre, Avallon.

II. AU SUD-EST.

X.	LYONNAIS	2	23	LOIRE	*Saint-Etienne*	2	Roanne, Montbrison.
			24	RHÔNE	*Lyon*	1	Villefranche.
XI.	DAUPHINÉ	3	25	ISÈRE	*Grenoble*	3	La Tour-du-Pin, Vienne, Saint-Marcellin.
			26	DRÔME	*Valence*	3	Die, Montélimar, Nyons.
			27	HAUTES-ALPES	*Gap*	2	Briançon, Embrun.
XII.	SAVOIE	2	28	SAVOIE	*Chambéry*	3	Albertville, Moutiers, Saint-Jean-de-Maurienne.
			29	HAUTE-SAVOIE	*Annecy*	3	Thonon, Bonneville, Saint-Julien.
XIII.	COMTAT VENAISSIN	1	30	VAUCLUSE	*Avignon*	3	Orange, Carpentras, Apt.
XIV.	PROVENCE	3	31	BOUCHES-DU-RHÔNE	*Marseille*	2	Arles, Aix.
			32	VAR	*Draguignan*	2	Brignolles, Toulon.
			33	BASSES-ALPES	*Digne*	4	Barcelonnette, Castellanne, Forcalquier, Sisteron.
XV.	COMTÉ DE NICE	1	34	ALPES-MARITIMES	*Nice*	2	Le Puget-Théniers, Grasse.
XVI.	CORSE	1	35	CORSE	*Ajaccio*	4	Bastia, Calvi, Corte, Sartène.

NUMÉROS D'ORDRE des provinces.	36 PROVINCES	DÉPARTEMENTS par province.	NUMÉROS D'ORDRE des départements.	86 DÉPARTEMENTS et 1 territoire.	86 PRÉFECTURES * BELFORT.	SOUS-PRÉFECTURES par département.	273 SOUS-PRÉFECTURES.
XVII.	LANGUEDOC........	8	36	HAUTE-LOIRE.........	*Le Puy*...........	2	Brioude, Yssingeaux.
			37	ARDÈCHE...........	*Privas*...........	2	Tournon, l'Argentière.
			38	LOZÈRE............	*Mende*...........	2	Marvejols, Florac.
			39	GARD..............	*Nîmes*...........	3	Le Vigan, Alais, Uzès.
			40	HÉRAULT...........	*Montpellier*.........	3	Saint-Pons, Lodève, Béziers.
			41	AUDE..............	*Carcassonne*........	3	Castelnaudary, Limoux, Narbonne.
			42	TARN..............	*Alby*...............	3	Gaillac, Lavaur, Castres.
			43	HAUTE-GARONNE......	*Toulouse*...........	3	Muret, Villefranche, Saint-Gaudens
XVIII.	ROUSSILLON........	1	44	PYRÉNÉES-ORIENTALES.	*Perpignan*..........	2	Prades, Céret.
XIX.	COMTÉ DE FOIX....	1	45	ARIÈGE............	*Foix*..............	2	Pamiers, Saint-Girons.

III. AU SUD-OUEST.

NUMÉROS D'ORDRE des provinces.	36 PROVINCES	DÉPARTEMENTS par province.	NUMÉROS D'ORDRE des départements.	86 DÉPARTEMENTS et 1 territoire.	86 PRÉFECTURES * BELFORT.	SOUS-PRÉFECTURES par département.	273 SOUS-PRÉFECTURES.
XX.	GUYENNE ET GASCOGNE..............	9	46	HAUTES-PYRÉNÉES....	*Tarbes*.............	2	Argelès, Bagnères.
			47	GERS..............	*Auch*..............	4	Condom, Lectoure, Lombez, Mirande,
			48	TARN-ET-GARONNE.....	*Montauban*..........	2	Moissac, Castelsarrasin.
			49	AVEYRON...........	*Rodez*.............	4	Espalion, Milhau, Saint-Affrique, Villefranche.
			50	LOT...............	*Cahors*............	2	Gourdon, Figeac.
			51	DORDOGNE..........	*Perigueux*.........	4	Nontron, Ribérac, Sarlat, Bergerac.
			52	LOT-ET-GARONNE......	*Agen*..............	3	Marmande, Villeneuve-d'Agen, Nérac.
			53	GIRONDE...........	*Bordeaux*..........	4	Lesparre, Blaye, Libourne, la Réole, Bazas.
			54	LANDES............	*Mont-de-Marsan*....	2	Dax, Saint-Sever.

XXI.	BÉARN	1	55	BASSES-PYRÉNÉES	**Pau**	4	Bayonne, Orthez, Oloron, Mauléon.
XXII.	ANGOUMOIS	1	56	CHARENTE	*Angoulême*	4	Ruffec, Confolens, Cognac, Barbezieux.
XXIII.	AUNIS ET SAINTONGE	1	57	CHARENTE-INFÉRIEURE	*La Rochelle*	5	Marennes, Rochefort, Saint-Jean-d'Angély, Saintes, Jonzac.
XXIV.	POITOU	3	58	VENDÉE	*La Roche-sur-Yon*	2	Les Sables-d'Olonne, Fontenay-le-Comte.
			59	DEUX-SÈVRES	*Niort*	3	Bressuire, Parthenay, Melle.
			60	VIENNE	*Poitiers*	4	Loudun, Châtellerault, Montmorillon, Civray.

IV. AU NORD-OUEST.

XXV.	NORMANDIE	5	61	SEINE-INFÉRIEURE	*Rouen*	4	Le Havre, Yvetot, Dieppe, Neufchâtel.
			62	EURE	*Évreux*	4	Bernay, Pont-Audemer, Louviers, les Andelys.
			63	CALVADOS	*Caen*	5	Vire, Bayeux, Falaise, Pont-l'Évêque, Lisieux.
			64	ORNE	*Alençon*	3	Domfront, Argentat, Mortagne.
			65	MANCHE	*Saint-Lô*	5	Cherbourg, Valognes, Coutances, Avranches, Mortain.
XXVI.	BRETAGNE	5	66	ILLE-ET-VILAINE	*Rennes*	5	Saint-Malo, Fougères, Vitré, Redon, Montfort.
			67	CÔTES-DU-NORD	*Saint-Brieuc*	4	Lannion, Guingamp, Loudéac, Dinan.
			68	FINISTÈRE	*Quimper*	4	Brest, Morlaix, Châteaulin, Quimperlé.
			69	MORBIHAN	*Vannes*	3	Lorient, Pontivy, Ploërmel.
			70	LOIRE-INFÉRIEURE	*Nantes*	4	Saint-Nazaire, Châteaubriant, Ancenis, Paimbœuf.
XXVII.	ANJOU	1	71	MAINE-ET-LOIRE	*Angers*	4	Segré, Beaugé, Saumur, Cholet.
XXVIII.	MAINE	2	72	MAYENNE	*Laval*	[illegible]	Mayenne, Château-Gontier.
			73	SARTHE	*Le Mans*	3	Mamers, Saint-Calais, la Flèche.

NUMÉROS D'ORDRE des provinces.	36 PROVINCES.	DÉPARTEMENTS par province.	NUMÉROS D'ORDRE des départements.	86 DÉPARTEMENTS et 1 TERRITOIRE.	86 PRÉFECTURES. * BELFORT.	SOUS-PRÉFECTURES par département.	273 SOUS-PRÉFECTURES.
				V. AU CENTRE.			
XXIX.	TOURAINE	1	74	INDRE-ET-LOIRE	*Tours*	2	Loches, Chinon.
XXX.	ORLÉANAIS	3	75	LOIR-ET-CHER	*Blois*	2	Vendôme, Romorantin.
			76	EURE-ET-LOIR	*Chartres*	3	Dreux, Nogent-le-Rotrou, Châteaudun.
			77	LOIRET	*Orléans*	3	Pithiviers, Montargis, Gien.
XXXI.	BERRY	2	78	CHER	*Bourges*	2	Sancerre, Saint-Amand.
			79	INDRE	*Châteauroux*	3	Issoudun, la Châtre, le Blanc.
XXXII.	MARCHE	1	80	CREUSE	*Guéret*	3	Boussac, Aubusson, Bourganeuf.
XXXIII.	LIMOUSIN	2	81	HAUTE-VIENNE	*Limoges*	3	Bellac, Rochechouart, Saint-Yrieix.
			82	CORRÈZE	*Tulle*	2	Ussel, Brive.
XXXIV.	AUVERGNE	2	83	CANTAL	*Aurillac*	3	Mauriac, Murat, Saint-Flour.
			84	PUY-DE-DÔME	*Clermont-Ferrand*	4	Riom, Thiers, Ambert, Issoire.
XXXV.	BOURBONNAIS	1	85	ALLIER	*Moulins*	8	Montluçon, Gannat, la Palisse.
XXXVI.	NIVERNAIS	1	86	NIÈVRE	*Nevers*	3	Cosne, Clamecy, Château-Chinon.

Organisation militaire. — Au point de vue militaire, la France est divisée en 18 *régions.*

Le commandement de chacune de ces régions est attribué au général commandant le corps d'armée qui y tient garnison.

Chacune des régions est partagée en divisions et subdivisions, commandées par des généraux de division et des généraux de brigade.

Il y a, en outre, 2 commandements militaires : ceux de Paris et de Lyon.

L'Algérie forme une 19e région.

Pour le recrutement et la mobilisation, le territoire de la France est divisé en 144 subdivisions de région (8 par région). Au chef-lieu de chacune de ces subdivisions se trouve un bureau de recrutement duquel relèvent tous les hommes de la subdivision soumis au service. Pour Paris, le département de Seine-et-Oise et pour Lyon, il y a des bureaux particuliers. Les hommes appartenant aux troupes de l'armée territoriale autres que l'infanterie relèvent d'un bureau spécial établi au chef-lieu de la région.

TABLEAU DES RÉGIONS ET DES SUBDIVISIONS DE RÉGIONS.

RÉGIONS.	CHEF-LIEUX.	DÉPARTEMENTS.	CHEFS-LIEUX des SUBDIVISIONS DE RÉGION.
Iʳᵉ.	LILLE	Nord.................. Pas-de-Calais	Lille, Valenciennes, Cambrai, Avesnes, Arras, Béthune, Saint-Omer, Dunkerque.
IIᵉ.	AMIENS.......	Aisne................. Oise .... Seine-et-Oise (arrondissement de Pontoise)..... Seine (cantons de Saint-Denis et de Pantin, 10ᵉ, 19ᵉ et 20ᵉ arrondissements de Paris).......	Soissons, Saint-Quentin, Beauvais, Amiens, Compiègne, Abbeville, Laon, Péronne.
IIIᵉ.	ROUEN..........	Calvados .... Eure.................. Seine-Inférieure....... Seine-et-Oise (arrondissements de Mantes et de Versailles)............ Seine (cantons de Courbevoie et de Neuilly, 1ᵉʳ, 7ᵉ, 8ᵉ, 9ᵉ, 15ᵉ, 16ᵉ, 17ᵉ et 18ᵉ arrondissements de Paris)............	Bernay, Évreux, Falaise, Lisieux, Rouen, Saint-Sever, Caen, le Havre.
IVᵉ.	LE MANS........	Eure-et-Loir .... Mayenne .... Orne.................. Sarthe .... Seine-et-Oise (arrondissement de Rambouillet). Seine (cantons de Villejuif et de Sceaux, 4ᵉ, 5ᵉ, 6ᵉ, 13ᵉ et 14ᵉ arrondissements de Paris).......	Laval, Mayenne, Mamers, le Mans, Dreux, Chartres, Alençon, Argentan
Vᵉ.	ORLÉANS........	Seine-et-Marne.......... Yonne.................. Loir-et-Cher .... Loiret .... Seine-et-Oise (arrondissements d'Étampes et de Corbeil)............ Seine (cantons de Charenton et de Vincennes, 2ᵉ, 3ᵉ, 11ᵉ et 12ᵉ arrondissements de Paris)	Sens, Fontainebleau, Melun, Coulommiers, Auxerre, Montargis, Blois, Orléans.

RÉGIONS.	CHEFS-LIEUX	DÉPARTEMENTS.	CHEFS-LIEUX des SUBDIVISIONS DE RÉGION.
VIe.	CHALONS-ST-MARNE	Meurthe-et-Moselle..... Vosges................. Aube.................. Ardennes.............. Marne................. Meuse.................	Nancy, Toul, Neufchâteau, Troyes, Mézières. Reims. Verdun, Châlons-sur-Marne.
VIIe.	BESANÇON.......	Ain................... Haute-Marne........... Jura.................. Doubs................. Territoire de Belfort.... Haute-Saône........... Rhône (canton de Neuville, 4e et 5e arrondissements de Lyon).	Bourg, Belley, Langres, Chaumont, Lons-le-Saunier, Besançon, Belfort, Vesoul.
VIIIe.	BOURGES.......	Saône-et-Loire......... Côte-d'Or............. Cher.................. Nièvre................ Rhône (arrondissement de Villefranche).........	Châlons-sur-Saône, Mâcon, Auxonne, Dijon, Cosne, Bourges, Nevers, Autun.
IXe.	TOURS.........	Indre................. Deux-Sèvres........... Vienne................ Indre-et-Loire......... Maine-et-Loire........	Le Blanc, Châteauroux, Parthenay, Poitiers, Châtellerault, Tours, Angers, Cholet.
Xe.	RENNES........	Côtes-du-Nord......... Ille-et-Vilaine......... Manche................	Guingamp, Saint-Brieuc, Rennes. Vitré, Cherbourg. Saint-Lô. Granville, Saint-Malo.
XIe.	NANTES.........	Loire-Inférieure......... Vendée................ Morbihan.............. Finistère..............	Nantes, Ancenis, la Roche-sur-Yon, Fontenay, Lorient, Brest, Vannes, Quimper.
XIIe.	LIMOGES........	Haute-Vienne.......... Creuse................ Charente.............. Dordogne.............. Corrèze...............	Limoges, Guéret, Angoulême, Magnac-Laval, Périgueux, Bergerac, Brive, Tulle.
XIIIe.	CLERMONT-FERRAND.........	Allier................. Puy-de-Dôme........... Cantal................ Haute-Loire........... Rhône (7 cantons).......	Riom, Montluçon, Clermont-Ferrand, Aurillac, le Puy, Saint-Etienne, Montbrison, Roanne.

RÉGIONS.	CHEFS-LIEUX.	DÉPARTEMENTS.	CHEFS-LIEUX des SUBDIVISIONS DE RÉGION.
XIVe.	GRENOBLE .... (Q.-G. : LYON.)	Isère .... Haute-Savoie .... Savoie .... Hautes-Alpes ... . Drôme .... Rhône (3 cantons, 1er, 2e, 3e et 6e arrondissements de Lyon)..	Grenoble, Bourgoin, Annecy, Chambéry, Gap, Montélimar, Romans, Vienne.
XVe.	MARSEILLE.......	Var.................... Alpes-Maritimes .... Corse .... Basses-Alpes .... Bouches-du-Rhône.. .... Gard................ . Vaucluse .... Ardèche	Toulon, Antibes, Aix, Ajaccio, Nîmes, Avignon, Privas, le Pont-Saint-Esprit.
XVIe.	MONTPELLIER. ...	Hérault................ Lozère......... .... Aveyron .... Pyrénées-Orientales ..... Aude .... Tarn	Béziers, Montpellier, Mende, Rodez, Narbonne, Perpignan, Carcassonne, Alby.
XVIIe.	TOULOUSE..... ..	Lot-et-Garonne. .... Lot..................... Tarn-et-Garonne......... Haute-Garonne.......... Ariège .... Gers....................	Agen, Marmande, Cahors, Montauban, Toulouse, Foix, Mirande, St-Gaudens.
XVIIIe.	BORDEAUX.	Charente-Inférieure...... Gironde................ Landes .... Basses-Pyrénées......... Hautes-Pyrénées........	Saintes, la Rochelle, Libourne, Mont-de-Marsan, Bayonne, Pau, Tarbes.
XIXe.	ALGER	Alger.................. Constantine....... ..... Oran...................	Alger, Dellys, Orléansville, Médéah, Aumale, Constantine, Bône, Batna, Sétif, Oran, Mascara, Tlemcen.

Armée. — L'effectif de l'armée active sur le pied de paix est de plus de 400.000 hommes. En cas de guerre, sans compter l'armée territoriale, il pourrait être de près de 1.400.000 hommes.

L'armée active se recrute sur l'ensemble du territoire ; les militaires de la disponibilité et de la réserve complètent, en cas de mobilisation, les corps de la région où ils sont domiciliés.

Marine. — Le territoire maritime de la France est divisé en cinq *arrondissements maritimes*, commandés par un *vice-amiral, préfet maritime*.

Le chef-lieu de chaque arrondissement est dans un de nos cinq grands ports militaires : *Cherbourg*, *Brest*, *Lorient*, *Rochefort*, *Toulon*.

C'est dans ces ports que se trouvent les grands arsenaux de construction et de réparation.

Pour monter sa flotte, la France dispose de plus de 50 000 hommes, sans compter l'infanterie et l'artillerie de marine, fortes ensemble de plus de 20.000 combattants.

La flotte comprend, outre les garde-côtes, une cinquantaine de bâtiments cuirassés de diverses grandeurs ; mais parmi ces navires, plusieurs, déjà anciens, n'ont plus une grande valeur.

CHEMINS DE FER.

Le réseau des chemins de fer français a été commencé à la suite de la loi du 11 juin 1842. Continué avec une grande activité depuis 1852, son développement a reçu.

depuis quelques années, une impulsion encore plus considérable. Principalement au point de vue de la défense du territoire, le réseau. tout à fait incomplet en 1870, a été grandement amélioré.

La plus grande partie des voies ferrées appartient à *six grandes compagnies*, qui se sont partagé à peu près tout le territoire de la France. Ce sont : la *compagnie de l'Ouest*, celle *du Nord*, celle *de l'Est*, celle *de Paris-Lyon-Méditerranée*, celle *d'Orléans* et celle *du Midi*.

Outre les lignes possédées par ces compagnies, il existe encore aujourd'hui d'autres chemins de fer, soit d'intérêt local, soit propriétés de petites compagnies, soit enfin appartenant à l'État.

Les grandes compagnies, moins celles du Midi, ont leur tête de ligne dans Paris, où elles sont reliées par le chemin de fer de ceinture.

1° *Réseau de l'Ouest.*

Le réseau de l'Ouest comprend cinq grandes lignes :

1° *La ligne de Paris à Rouen et au Havre.* C'est la plus ancienne des voies françaises ; elle suit la vallée de la Seine.

Le principal embranchement de cette ligne est celui de *Rouen à Amiens* (en commun avec la compagnie du Nord) ;

2° *La ligne de Cherbourg*, se détachant à Mantes de la précédente. Elle passe par Evreux et Caen ;

3° *La ligne de Granville*, quittant à Saint-Cyr la ligne de Bretagne ;

4° *La ligne de Bretagne*, qui continue le chemin de fer

de Versailles (rive gauche) et qui passe par Chartres, le Mans, Laval, Rennes, Saint-Brieuc et Brest;

5° *La ligne de Dieppe,* qui abandonne à Pontoise le réseau du Nord.

Plusieurs embranchements dirigés du Nord au Sud coupent et relient ensemble les lignes principales du réseau de l'Ouest. (Voir la carte.)

Une ligne ferrée partant de Saint-Lô suit la côte par Coutances, Avranches, etc.

2° *Réseau du Nord.*

Le réseau du Nord comprend quatre grandes lignes qui traversent la frontière; trois embranchements conduisent en outre en Belgique.

Les quatre grandes lignes sont :

1° *La ligne de Calais,* par Creil, Amiens, Boulogne, Calais, qui se prolonge par Dunkerque en Belgique.

2° *La ligne de Paris à Lille,* par Creil, Amiens, Arras, Douai, Lille, Gand ou Bruxelles. C'est de cette ligne que partent les embranchements.

3° *La ligne de Saint-Quentin,* se détachant à Creil de la première, desservant Landrecies, Maubeuge en France, Charleroi, Namur en Belgique, et allant rejoindre en Allemagne les lignes du Rhin. C'est la ligne de Berlin et de Saint-Pétersbourg.

4° *La ligne de Soissons,* par Laon, Hirson, la Belgique et Givet.

Les embranchements qui traversent la frontière sont

ceux de Saint-Just par Péronne et Cambrai ; d'Arras par Béthune et Hazebrouck ; de Douai par Valenciennes ; enfin un autre embranchement quitte à Soissons la ligne principale et va rejoindre à Reims la ligne des Ardennes (réseau de l'Est).

Toutes ces lignes sont coupées par des lignes transversales. Les principales sont : celle de Laon à Amiens et les lignes de Flandre par Dunkerque, Hazebrouck, Lille, Valenciennes, Hirson.

3° *Réseau de l'Est.*

Le réseau de l'Est comprend quatre grandes lignes qui sortent de France. Elles sont reliées par plusieurs voies ; deux de ces dernières vont en Allemagne.

Les grandes lignes sont :

1° *La ligne de Strasbourg,* par Châlons, Bar-le-Duc, Toul, Frouard, Nancy et les tunnels de Saverne. C'est la ligne de Vienne (Autriche) et de Constantinople.

2° *La ligne de Mulhouse,* par Troyes, Chaumont, Langres, Vesoul, Belfort.

3° A Epernay, sur la ligne de Strasbourg, commence *la ligne des Ardennes,* par Reims, Mézières, Givet et Namur (Belgique).

4° A Châlons se détache *la ligne de Verdun à Metz.*

Les deux lignes transversales qui coupent la frontière sont : la ligne de Flandre, prolongée à l'Est par Hirson, Mézières, jusqu'à Thionville (Allemagne), et au Sud jusqu'à Reims.

La ligne de la Moselle, passant par Epinal, Nancy, Frouard, Metz, Thionville, Luxembourg.

D'autres voies, en France, relient toutes ces lignes; les principales sont celle de Sedan à Chaumont par Neufchâteau et la ligne qui suit la falaise de Champagne par Laon, Reims, Epernay, Montereau.

4° *Réseau de Paris-Lyon-Méditerranée.*

Le réseau de Paris-Lyon-Méditerranée comprend cinq grandes lignes. Une partie de ces lignes fait communiquer la France avec la Suisse et l'Italie.

Lignes ne sortant pas de France.

1° *La ligne de Marseille*, par Joigny, Dijon, Mâcon, Lyon, Valence, Avignon, Tarascon, Arles, Marseille.

Un embranchement va par Troyes, Sens, Montargis, Orléans, et complète une vaste ligne circulaire qui, par Orléans, Rouen, Amiens, Reims, relie tous les réseaux partant de Paris.

Un autre embranchement part d'Avignon et dessert Sisteron et Grenoble, avec embranchement sur Gap que l'on prolonge jusqu'à Briançon.

2° *La ligne du Bourbonnais*, par Montargis, Nevers, Moulins, Saint-Germain-des-Fossés. En cet endroit la ligne se bifurque : à l'Ouest, c'est la *ligne d'Auvergne* et des Cévennes par Clermont-Ferrand, le col de la Bastide et Nîmes; à l'Est, c'est la *ligne du Forez* par Roanne, allant ensuite soit à Lyon, soit à Saint-Etienne. Cette ligne se relie à la ligne de Marseille par divers embranchements.

Lignes traversant les frontières.

3° *Les trois lignes de Franche-Comté :* l'une par Dijon, Auxonne, Pontarlier, gagne Neuchâtel, en Suisse.

A Pontarlier elle détache un embranchement par Jougne sur Lausanne.

Une deuxième va de Chalon-sur-Saône, par Besançon et Montbéliard, se relier au réseau de l'Est à Belfort. Elle envoie un petit embranchement de Montbéliard par Delle à Porrentruy (Suisse).

La troisième part près de Besançon, dessert Bourg et rejoint la ligne d'Italie.

4° *Les lignes d'Italie et du Dauphiné.* — L'une part de Mâcon et va à Genève par Bourg et Culoz; une autre, partant de Lyon, rejoint celle-ci à Ambérieux. Une troisième se détache à Culoz et va par Chambéry, Saint-Jean-de-Maurienne, Modane, le pic de Fréjus, à Turin. Une quatrième va de Lyon à Grenoble et de là rejoint la précédente à Montmélian.

5° *La ligne du littoral* se détache à Arles de la ligne de Marseille; elle passe par Toulon, le col de Fréjus, Nice, Menton, et se prolonge au delà de la frontière par Gênes, etc. A l'Ouest, cette ligne gagne Nîmes et Montpellier, où elle rencontre la ligne du Midi.

5° *Réseau d'Orléans.*

Le réseau d'Orléans comprend trois grandes lignes :

1° *La ligne de Bordeaux*, par Orléans, Tours, Poitiers, Angoulême;

2° *La ligne du Centre,* partant d'Orléans, allant à Châteauroux, Limoges, Périgueux, puis rejoignant soit la ligne de Bordeaux à Coutras, soit la ligne du Midi à Agen.

3° *La ligne de Bretagne,* qui quitte à Tours la ligne de Bordeaux et qui suit la Loire. Elle passe à Saumur, Angers, Nantes, Vannes, Lorient, Quimper, Châteaulin, et rejoint le réseau de l'Ouest.

Les principaux embranchements sont celui de Brétigny à Tours par Vendôme, puis de grands embranchements transversaux : un s'étend de Tours à Saincaize, par Bourges; un autre va de Poitiers à Moulins par Guéret; un troisième se dirige de Coutras à Arvant par Périgueux, Brive, Figeac, Aurillac.

De Figeac deux embranchements vont, l'un sur Toulouse, l'autre sur Béziers par Rodez.

D'autres voies relient encore le réseau d'Orléans au réseau de l'Ouest (Orléans à Chartres, Tours au Mans, etc.).

Enfin, à l'ouest de la ligne de Bordeaux sont plusieurs embranchements; l'un vient de Poitiers et dessert Niort, la Rochelle et Rochefort. Il se ramifie avec diverses lignes appartenant à l'Etat et partant soit de Tours, soit d'Angoulême ou de Coutras pour rayonner dans la Vendée et les Charentes.

6° *Réseau du Midi.*

Le réseau du Midi comprend quatre lignes principales. Deux se dirigent du Nord au Sud et traversent la frontière des Pyrénées, deux lui sont parallèles.

1° *La ligne de Bordeaux à Pampelune et Madrid,* par Dax et Bayonne;

2° *La ligne de Narbonne à Barcelone,* par Perpignan et Port-Vendres;

3° *La ligne de Bordeaux à Cette,* par Agen, Montauban, Toulouse, Carcassonne, Narbonne, Béziers, avec embranchements d'Agen à Tarbes et de Castelnaudary à Castres et Alby;

4° La ligne reliant la voie ferrée de Bordeaux à Pampelune à celle de Bordeaux à Cette et passant par Pau, Tarbes et Toulouse. Elle envoie des embranchements dans quelques vallées des Pyrénées.

Enfin une dernière ligne part de Morcenx, dessert Mont-de-Marsan et vient rejoindre la précédente au Nord de Tarbes.

CARTE
DES CONTINENTS
ET
DES MERS.
OCÉAN GLACIAL DU NORD
Groënland
SPITZBERG
Nouvelle Zemble
Terres Arctiques
Cercle Polaire
Baie d'Hudson
MER DE BEHRING
AMÉRIQUE
OCÉAN PACIFIQUE
OCÉANIE
Iles de la Polynésie
OCÉAN ATLANTIQUE
EUROPE
ASIE
AFRIQUE
Antilles
Tropique du Cancer
OCÉAN PACIFIQUE
Malaisie
Is de la Micronésie
ÉQUATEUR
Tropique du Capricorne
OCÉAN INDIEN
AUSTRALIE
C. de Bonne Espérance
C. Horn
OCÉAN GLACIAL DU SUD
Cercle polaire

II

ASIE.
EUROPE
OCÉAN GLACIAL
Monts Oural
SIBÉRIE
Obi Fl.
Tobolsk
Iénissei Fl.
Léna Fl.
Iakoutsk
Irkoutsk
L. Baïkal
Kiakhta
Amour Fl.
MANDCHOURIE
MER D'OKHOTSK
Nicolaïevsk
MER DU JAPON
Volga Fl.
MER NOIRE
Mts Caucase
ASIE MINEURE
Mts Taurus
Arménie
L. Balkach
TURKESTAN RUSSE
Plateau de Pamir
TURKESTAN
Tartarie
Mts Altaï
MONGOLIE
Mts Célestes
EMPIRE CHINOIS
Grand plateau central
Désert de Gobi
Monts de la Chine
PÉKIN
Tien-Tsin
Nankin
Shang-Haï
Ning-po
Fou-tchou
Canton
Hong-Kong
Hainan
Formose
Plateau de l'Iran
PERSE
Hérat
AFGHANISTAN
Caboul
Plateau du Thibet
THIBET
BÉLOUTCHISTAN
Gange Fl.
Tropique
HINDOUSTAN
CALCUTTA
Bombay
Goa
Madras
Mahé
Pondichéry
Ceylan
Laquedives
Maldives
Golfe du Bengale
MER D'OMAN
La Mecque
ARABIE
AFRIQUE
Dt. de Bab-el-Mandeb
Sumatra
Singapore
Poulo-Condor
MER DE CHINE
OCÉANIE
OCÉAN INDIEN
GRAND OCÉAN
Échelle 1/36.000.000

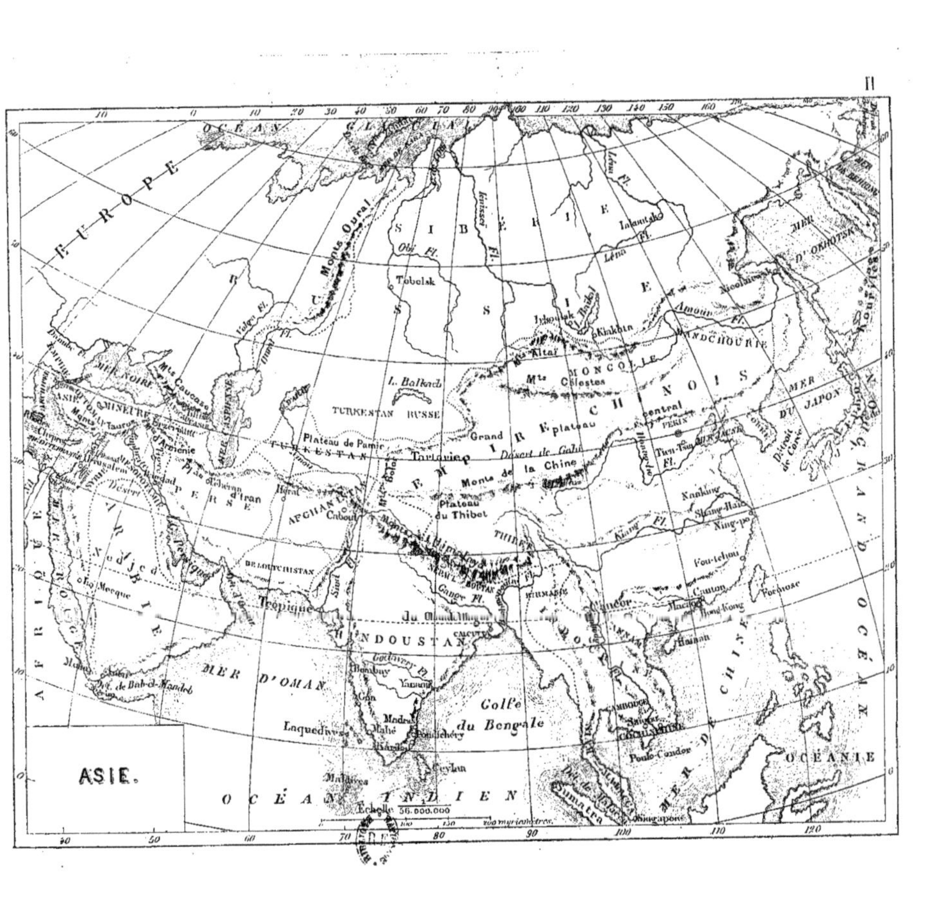

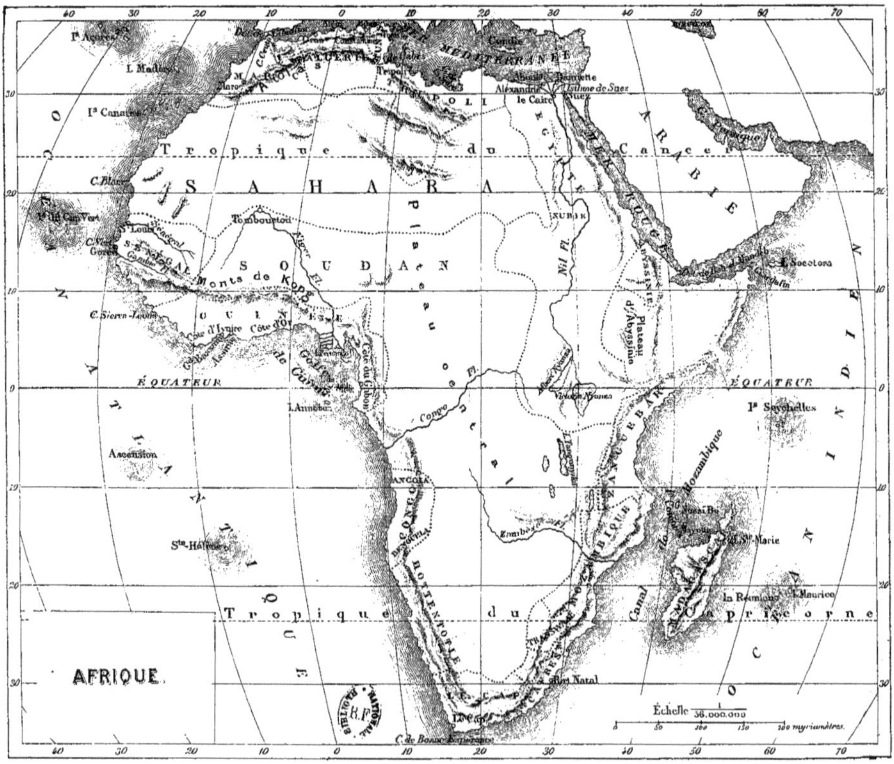
AFRIQUE
Tropique du Cancer
SAHARA
SOUDAN
Monts de Kong
Tombouctou
Plateau central
ÉQUATEUR
Tropique du Capricorne
Ascension
Sᵗᵉ-Hélène
Iˢ Seychelles
la Réunion
I. Maurice
Plateau d'Abyssinie
Nil Fl.
Congo Fl.
Zambèze
Canal de Mozambique
Port Natal
Le Cap
C. de Bonne Espérance
HOTTENTOTIE
NUBIE
ARABIE
MER ROUGE
MÉDITERRANÉE
Alexandrie
le Caire
Isthme de Suez
Suez
Candie
Tripoli
Iˢ Açores
I. Madère
Iˢ Canaries
C. Blanc
Iˢ du Cap Vert
S. Louis
Gorée
C. Vert
C. Sierra-Leone
Côte d'Ivoire
Côte d'Or
Golfe de Guinée
Côte du Gabon
I. Annobon
ANGOLA
CONGO
BENGUELA
ZANGUEBAR
MOZAMBIQUE
CAFRERIE
I. Socotora
Sᵗᵉ Marie
Échelle 1/36.000.000
myriamètres.
OCÉAN ATLANTIQUE
OCÉAN INDIEN

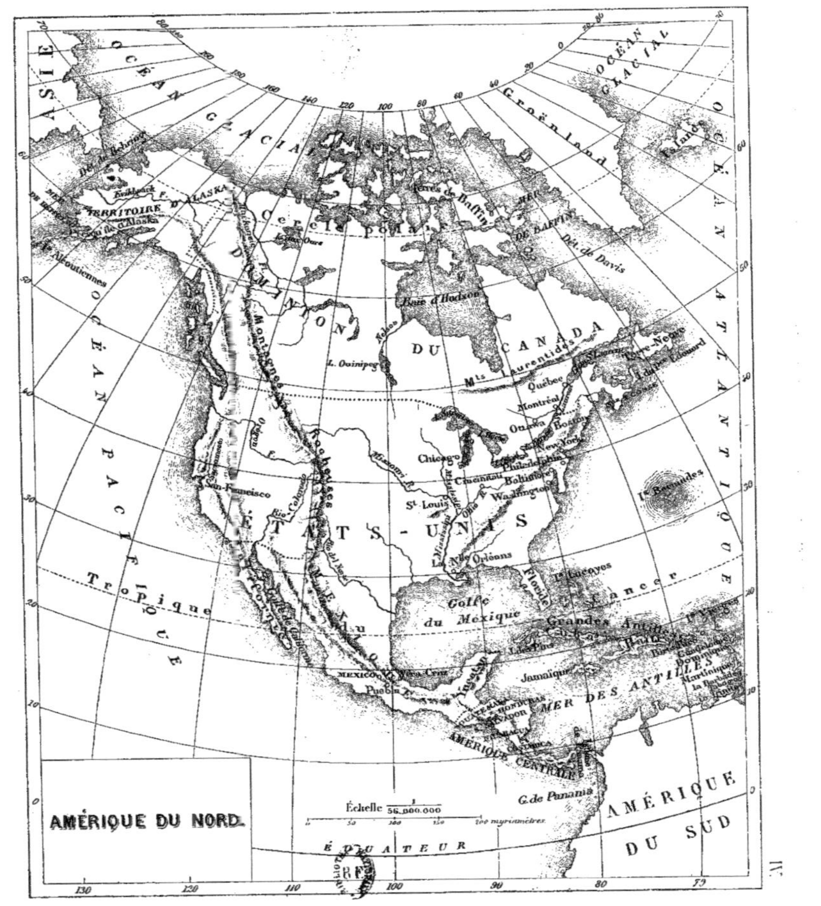

AMÉRIQUE DU NORD
OCÉAN GLACIAL
OCÉAN ATLANTIQUE
OCÉAN PACIFIQUE
ASIE
Groënland
Islande
Dét. de Behring
TERRITOIRE D'ALASKA
Cercle polaire
Terres de Baffin
MER DE BAFFIN
Dét. de Davis
Baie d'Hudson
DOMINION DU CANADA
Mts Laurentides
L. Ouinipeg
Québec
Montréal
Ottawa
Boston
New-York
Philadelphie
Baltimore
Washington
Chicago
Cincinnati
St Louis
ÉTATS-UNIS
Montagnes Rocheuses
San-Francisco
Rio Colorado
Rio del Norte
Lle Nlle Orléans
Floride
Is Lucayes
Tropique du Cancer
Golfe du Mexique
MEXIQUE
MEXICO
Vera-Cruz
Puebla
Grandes Antilles
Jamaïque
MER DES ANTILLES
AMÉRIQUE CENTRALE
G. de Panama
AMÉRIQUE DU SUD
ÉQUATEUR
Is Bermudes
Échelle 1/56.000.000
200 myriamètres

V.

AMÉRIQUE DU SUD.
Échelle 1/30.000.000
0 50 100 150 200 myriamètres.
MER DES ANTILLES
AMÉRIQUE DU NORD
Curaçao
Caracas
ÉTATS-UNIS DE VENEZUELA
GUYANES ANGL. HOLL. FRANÇ.
Cayenne
Plateau de la Guyane
Rio Negro
Amazones
ÉQUATEUR
Quito
Lima
PÉROU
BOLIVIE
BRÉSIL
Tocantins
Madeira
Plateau du Brésil
Bahia
Rio de Janeiro
Parana
PARAGUAY
Assomption
CONFÉDÉRATION ARGENTINE
URUGUAY
Montevideo
Buenos-Ayres
R. de la Plata
Valparaiso
Santiago
Andes
Montagnes des Andes
CHILI
PATAGONIE
Falkland
I. St-Georges
Terre de Feu
C. Horn
D. de Magellan
G. de Panama
Tropique du Capricorne
Cercle polaire du Sud
ÉQUATEUR
OCÉAN PACIFIQUE
OCÉAN ATLANTIQUE

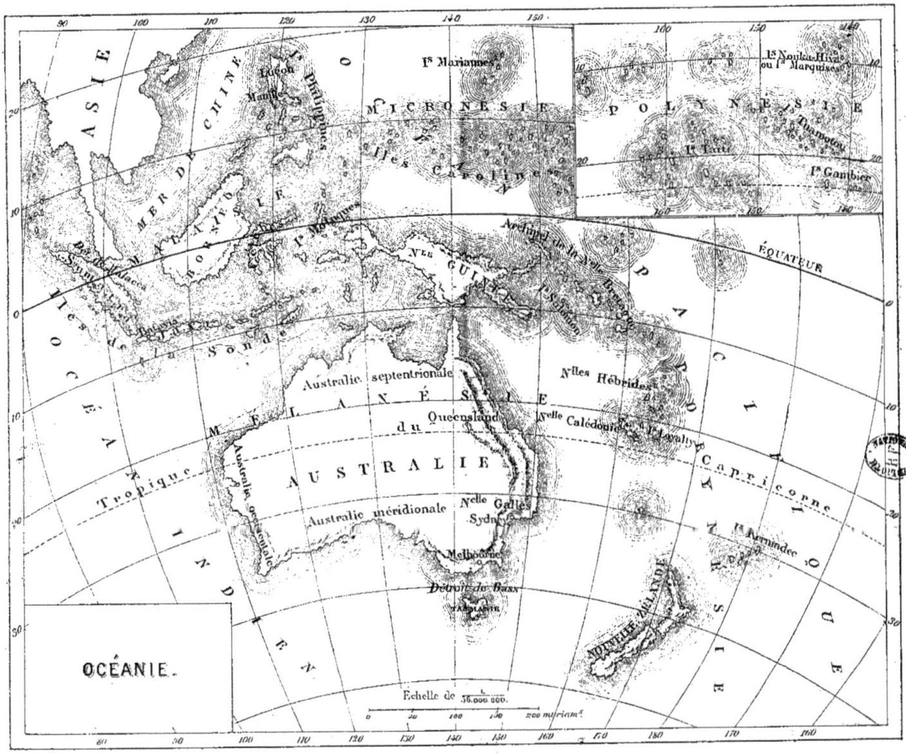

OCÉANIE.

ASIE
MER DE CHINE
Luçon
Manille
Is Philippines
Is Mariannes
MICRONÉSIE
Iles Carolines
Is Noukou-Hiva ou Is Marquises
POLYNÉSIE
Is Touamotou
Is Taïti
Is Gambier
MALAISIE
BORNÉO
Is Moluques
Dt de Malacca
Sumatra
Batavia
Iles de la Sonde
Nlle GUINÉE
Archipel de la Nlle Bretagne
Is Salomon
ÉQUATEUR
PACIFIQUE
Nlles Hébrides
Nlle Calédonie
Is Loyalty
Australie septentrionale
MÉLANÉSIE
Queensland
Tropique du Capricorne
AUSTRALIE
Australie occidentale
Australie méridionale
Nlle Galles
Sydney
Melbourne
Détroit de Bass
TASMANIE
NOUVELLE ZÉLANDE
Is Kermadec
OCÉAN INDIEN

Echelle de 1/36.000.000
0 50 100 150 200 myriam.

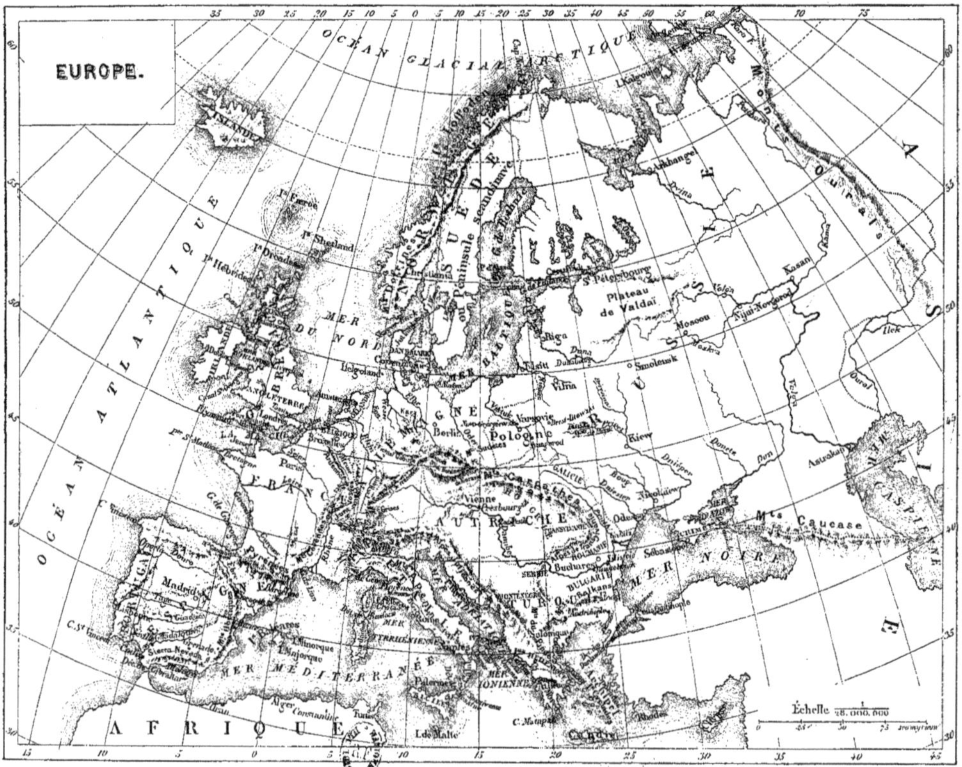

EUROPE.

OCÉAN GLACIAL ARCTIQUE

OCÉAN ATLANTIQUE

MER DU NORD

MER BALTIQUE

MER MÉDITERRANÉE

MER NOIRE

MER CASPIENNE

AFRIQUE

Échelle

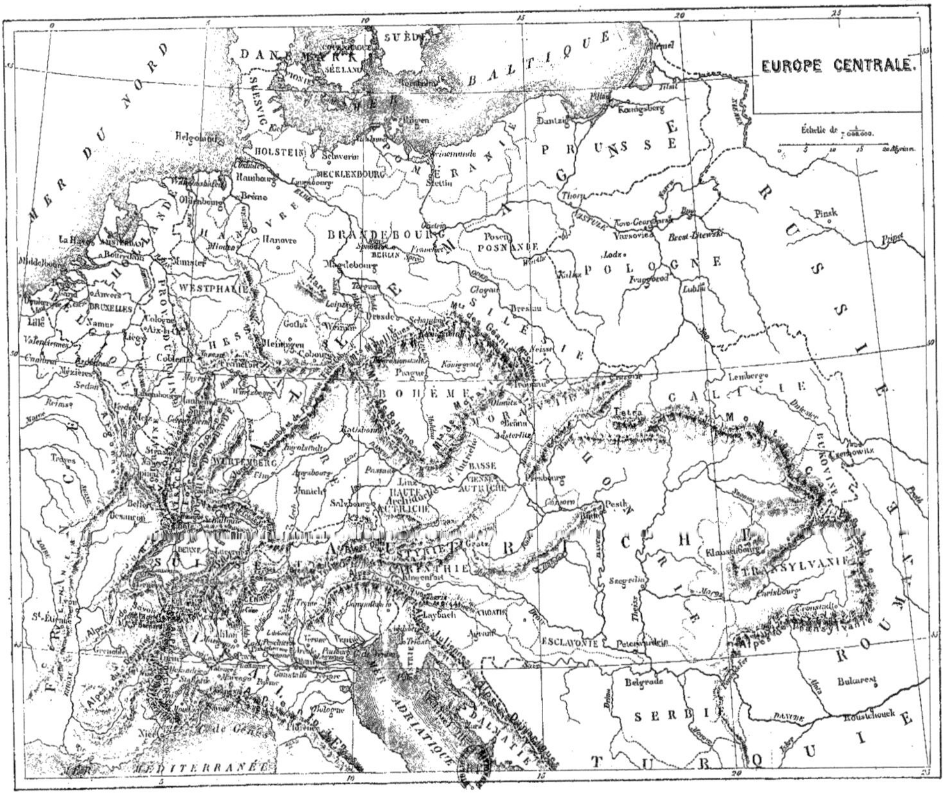

EUROPE CENTRALE.

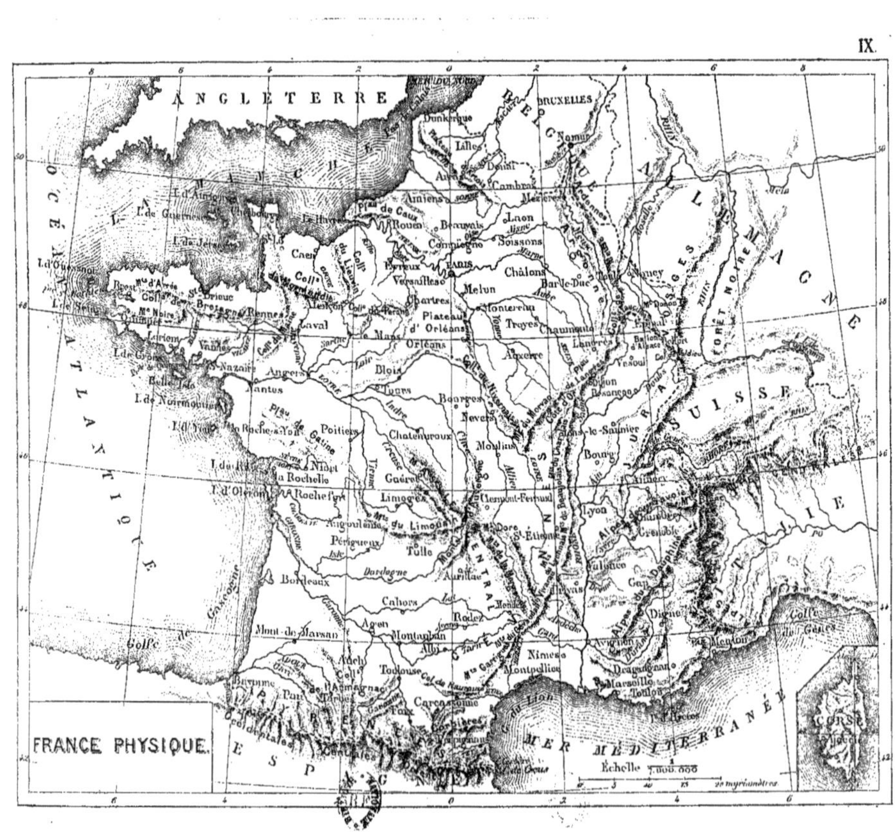
FRANCE PHYSIQUE
ANGLETERRE
BELGIQUE
ALLEMAGNE
SUISSE
ESPAGNE
OCÉAN ATLANTIQUE
MANCHE
MER MÉDITERRANÉE
Golfe de Gascogne
Golfe du Lion
Golfe de Gênes
CORSE
BRUXELLES
Namur
Dunkerque
Lille
Douai
Cambrai
Amiens
Rouen
Beauvais
Laon
Soissons
Compiègne
PARIS
Versailles
Châlons
Bar-le-Duc
Nancy
Melun
Chartres
Plateau d'Orléans
Troyes
Chaumont
Langres
Vesoul
Orléans
Blois
Tours
Le Mans
Laval
Rennes
Caen
Cherbourg
Le Havre
Brest
St Brieuc
Vannes
Lorient
St Nazaire
Angers
Nantes
Poitiers
Niort
La Rochelle
Rochefort
Angoulême
Périgueux
Limoges
Guéret
Chateauroux
Bourges
Nevers
Moulins
Auxerre
Dijon
Besançon
Lons-le-Saunier
Bourg
Lyon
Grenoble
Valence
Gap
Digne
Avignon
Nimes
Montpellier
Marseille
Toulon
Menton
Bordeaux
Tulle
Aurillac
Cahors
Rodez
Agen
Montauban
Albi
Toulouse
Auch
Tarbes
Pau
Bayonne
Mont-de-Marsan
Carcassonne
Foix
Clermont-Ferrand
St Étienne
Mt Dore
I. d'Ouessant
I. de Sein
I. de Groix
Belle Isle
I. de Noirmoutier
I. d'Yeu
I. de Ré
I. d'Oléron
I. de Jersey
I. de Guernesey
I. d'Aurigny
Échelle
FORÊT NOIRE
VOSGES
JURA
ARDENNES
Mts du Limousin
PYRÉNÉES
MASSIF CENTRAL

X.

FRANCE.
Frontières
du N, du N-E et de l'Est.
Chemins de fer
Les noms en rouge indiquent
des points fortifiés.
Échelle de 1/3.685.000.
ALLEMAGNE
AUTRICHE
SUISSE
Anvers
Gand
BRUXELLES
Maestricht
Liège
Aix-la-Chapelle
Dusseldorf
Cologne
Coblentz
Mayence
Francfort
Trèves
Metz
Nancy
Strasbourg
Lille
Namur
Mézières
Soissons
Creil
Meaux
Melun
Montereau
Troyes
Sens
Joigny
Auxerre
Tonnerre
Bar-le-Duc
Chaumont
Langres
Gray
Besançon
Dijon
Pontarlier
Mulhouse
Schlestadt
Donon
Neuchâtel
Berne
Lucerne
Zurich
Zug
Constance
Schaffouse
Bourges
Nevers
Briare

XI.

FRANCE.
Frontière du Sud-Est.
Chemins de fer.
Les noms en rouge indiquent des points fortifiés
Échelle de 3.665.000.
MÉDITERRANÉE
Golfe du Lion
Golfe de Gênes
SUISSE
ITALIE
ESPAGNE
Alpes Bernoises
Alpes Maritimes
Apennins
Moulins
Montluçon
Mâcon
Bourg
Genève
Annecy
Lyon
Chambéry
Clermont Ferrand
St Etienne
Le Puy
Aurillac
Tournon
Valence
Privas
Rodez
Mende
Milhau
Montélimart
Alais
Avignon
Nîmes
Arles
Aix
Montpellier
Lodève
Béziers
Carcassonne
Narbonne
Perpignan
Marseille
Toulon
Draguignan
Digne
Gap
Briançon
Grenoble
Vienne
Turin
Alexandrie
Marengo
Milan
Lodi
Côme
Bergame
Pavie
Plaisance
Casal
Parme
Coni
Mt Viso
Mt Cenis
Mt Thabor
Nice
Monaco
Villefranche
Menton

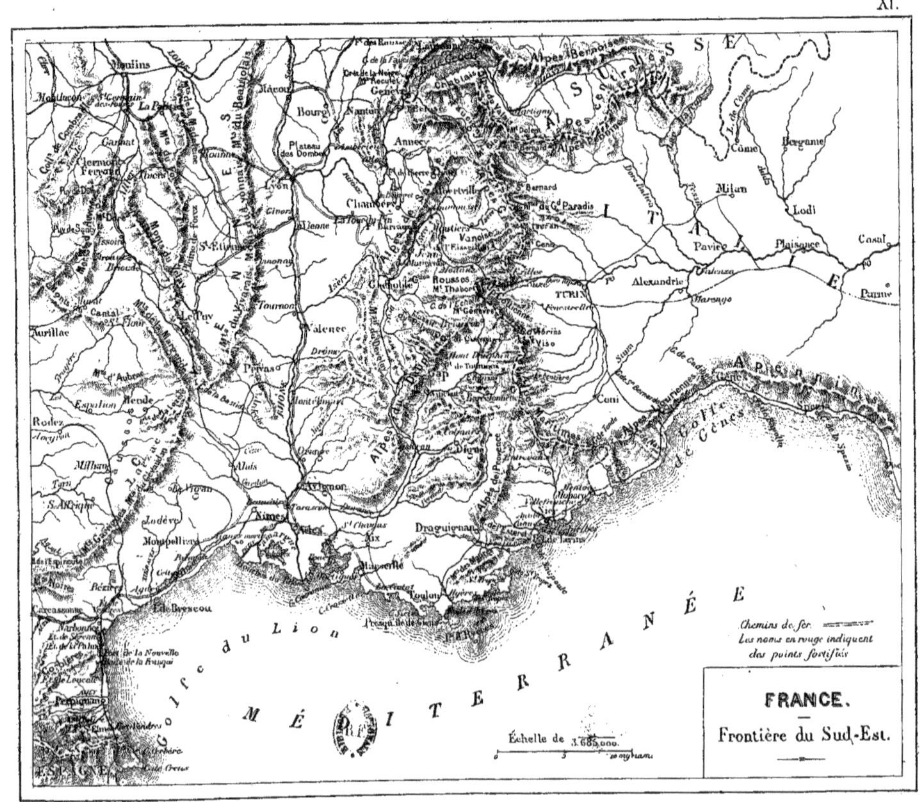

XII.

FRANCE.
Frontière du Sud-Ouest.
Chemins de fer
Les noms en rouge indiquent des points fortifiés.
Échelle de 1/3.685.000
OCÉAN ATLANTIQUE
Golfe de Gascogne
Les Sables-d'Olonne
La Rochelle
Rochefort
Saintes
Angoulême
Limoges
Monts du Limousin
Confolens
Périgueux
Tulle
Libourne
Bergerac
Bordeaux
Marmande
Agen
Cahors
Causse du Quercy
Rodez
Mont-de-Marsan
Auch
Toulouse
Alby
Castres
Carcassonne
Foix
Béziers
Aurillac
Mende
Bayonne
Pau
Oloron
Tarbes
St. Gaudens
St. Girons
St. Sébastien
Pampelune
NAVARRE
BISCAYE
ARAGON
CATALOGNE
E S P A G N E

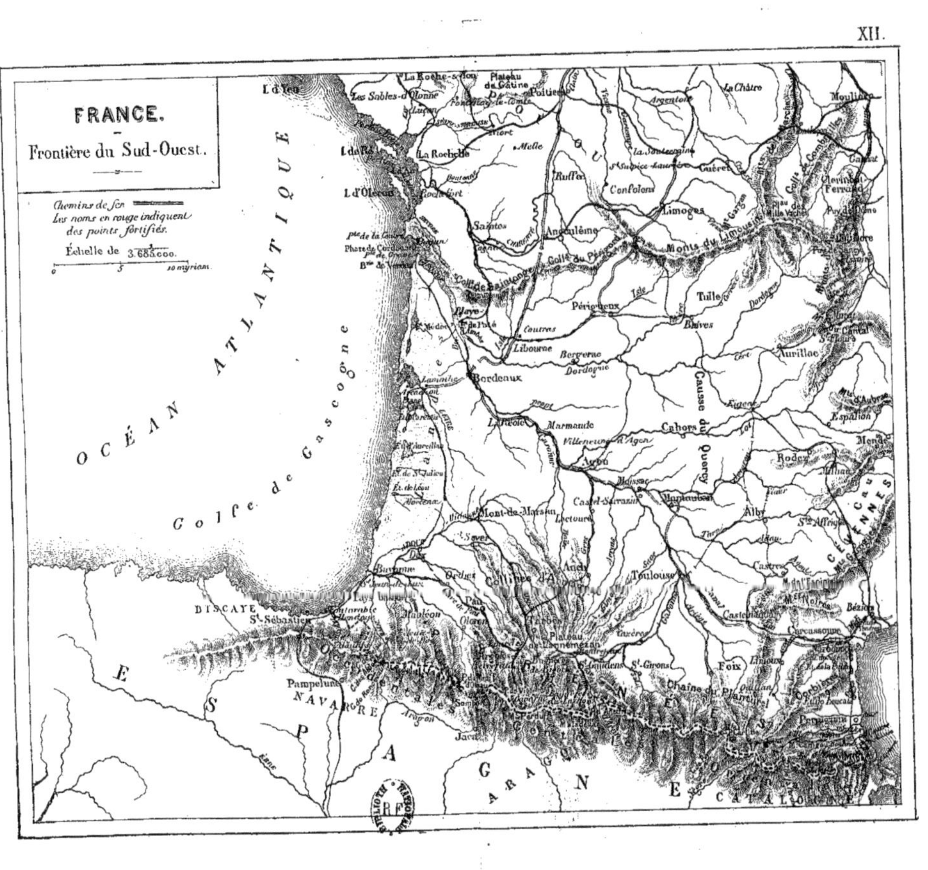

FRANCE.

Côté Ouest.

XIV.

ESPAGNE
Alicante
Carthagène
Almeria
MER MÉDITERRANÉE
ORAN
CONSTANTINE
Philippeville
Bône
La Calle
Medjana
Dj. Maadhid
Dj. Boutaleb
Dj. Aurès
Dj. Cheha
Tebessa
Steppes
PLATEAUX
HAUTS
RÉGION DES
Plaine du Hodna
Bousaada
OASIS DES ZIBAN
Ouled Naïl
Dj. Amour
OASIS DES KSOUR
Géryville
Brezina
OULED SIDI CHEIKH
OULED DES OULED SIDI
EL AREG (Pays des Dunes)
S A H A R A
OASIS DE L'OUED RIGH
OASIS DE L'OUED SOUF
OASIS DES BENI MZAB
Berrian
Ghardaïa
Metlili
Ouargla
El-Goléa
Tougourt
Nefta
Chott el Djerid
El Oued
EMPIRE DU MAROC
RÉGENCE DE TUNIS
TRIPOLI
Douï Menia
Échelle de 1/6.000.000
ALGÉRIE.

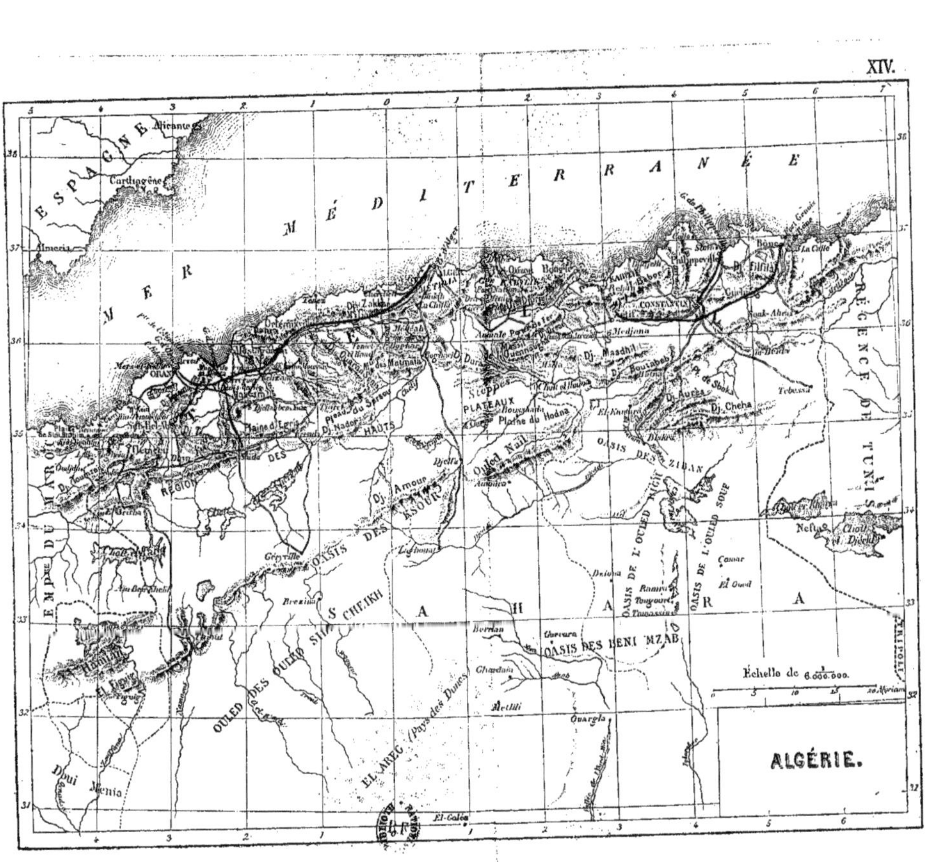

Paris et Limoges. — Imprimerie militaire Henri CHARLES-LAVAUZELLE.

www.ingramcontent.com/pod-product-compliance
Ingram Content Group UK Ltd.
Pitfield, Milton Keynes, MK11 3LW, UK
UKHW020548180726
13838UKWH00001B/121

9 782329 362434